Günter Pardatscher
*Magnolien*

Günter Pardatscher

# *Magnolien*

65 Farbfotos
38 Zeichnungen

VERLAG
EUGEN
ULMER

Titelbild: *Magnolia × soulangiana.*
Rückenseitenbild: *Blüte von Magnolia macrophylla.*
Farbfoto Seite 2: *Magnolia × loebneri.*

Die Deutsche Bibliothek – CIP-Einheitsaufnahme

**Pardatscher, Günter:**
Magnolien / Günter Pardatscher. – Stuttgart (Hohenheim) :
Ulmer, 1995
ISBN 3-8001-6572-4
NE: HST

© 1995 Eugen Ulmer GmbH & Co.
Wollgrasweg 41, 70599 Stuttgart (Hohenheim)
Printed in Germany
Lektorat: Gerhard Bley, Tanja Steck
Herstellung: Gabriele Wieczorek
Einbandgestaltung: Alfred Krugmann, Freiberg am Neckar
Satz: Steffen Hahn GmbH, Kornwestheim
Druck und Einband: Friedrich Pustet, Regensburg

# *Vorwort*

In Mitteleuropa ein Buch über Magnolien zu schreiben, ist keine einfache Sache. Bis jetzt gibt es keine Magnolien-Monographie in deutscher Sprache. Mit diesem Werk wird nun ein schon lange währender Nachholbedarf ausgeglichen. Unsere Erfahrungen mit Magnolien in Mitteleuropa sind aber noch eher bescheiden und so können für die meisten der neueren Hybriden, die seit den 50er Jahren vor allem in Amerika entstanden sind, noch keine verläßlichen Kulturangaben gemacht werden. Man muß hier auf Erfahrungen aus den USA zurückgreifen. Manche Sorten, die schon seit Jahrzehnten in England, in der Südschweiz oder in Norditalien ausgepflanzt sind, lassen schon eine bessere Möglichkeit der Beurteilung und vorsichtigen Empfehlung zu.

Keine Schwierigkeiten hingegen haben wir mit den alteingeführten Arten und Sorten, die schon seit etwa einem Jahrhundert unsere Gärten und Parks besiedeln. Es sind dies vor allem die *M.*-Soulangiana-Hybriden, die *M. kobus*-Gruppe mit *M. kobus*, *M. stellata* und *M. × loebneri* sowie *M. lilliiflora* und *M. sieboldii*. Da man bei Hybriden von den Eltern auf die einzelnen Sorten Rückschlüsse ziehen kann, ergibt sich zusammen mit den Erfahrungen aus dem Ausland jedoch für die meisten der interessanten neueren Sorten ein annähernd brauchbares Bild. So kann der Versuch unternommen werden, nun auch solche Sorten zu empfehlen, über die noch keine große Erfahrung in unseren Ländern vorliegt.

Die größte Unterstützung fand ich dafür in den erstklassigen Werken von Neil G. Treseder und Jim Gardiner, die ihre Erfahrungen vor allem für das englische Klima niederschrieben und an die wir uns weitgehend anlehnen können, wenn wir berücksichtigen, daß das Klima in England wärmer und feuchter ist als in den meisten Gebieten unseres Kontinents. Auch die Erfahrungen mehrerer Magnolienzüchter im Tessin mögen für uns richtungsweisend sein.

Von allen blühenden Gehölzen, die wir in Gärten und Parkanlagen auspflanzen, erwecken die Magnolien den am meisten exotischen Eindruck. Schon unsere Vorfahren waren von den Magnolien begeistert, seit diese aus Ostasien eingeführt wurden. Die frühen Züchtungen von Étienne Soulange-Bodin aus der ersten Hälfte des 19. Jahrhunderts trugen erst recht dazu bei, unser Interesse an diesen wundervollen Gehölzen zu wecken. Überall, wo seitdem Magnolien angepflanzt wurden, erwecken sie zur Blütezeit unsere ungeteilte Bewunderung, ja selbst unser ehrfürchtiges Staunen ist ihnen sicher. Dabei ist es nicht allein die Masse ihrer Blüten, die uns von reinem Weiß über alle Nuancen von Rosa bis tief Weinrot entgegenleuchten – diese Blütenmassen schenken uns ja Zierkirschen und Zieräpfel ebenso – es ist vielmehr die Größe und Form der Einzelblüten, die uns an den Magnolien so fasziniert. Wobei noch hinzukommt, daß die meisten der ostasiatischen Arten und Hybriden schon vor dem Laubaustrieb blühen, wodurch der Gesamteindruck eines solchen, voll erblühten Baumes noch gesteigert wird.

Obwohl es auch bei uns viele schön blühende Wildformen von Gehölzen gibt,

Blüten von *Magnolia kobus.*

etwa Kirschen-, Apfel- und Birnbäume, erlebten die ersten Forschungsreisenden in den Heimatgebieten der Magnolien, vornehmlich im südostasiatischen Raum, eine faszinierende und überwältigende Blütenpracht. Daß man als Pflanzenfreund und begeisterter Naturwissenschaftler an diesen Wundern nicht vorbeigehen kann, ohne den Wunsch zu empfinden, diese Kostbarkeiten auch in europäische Gärten zu verpflanzen, versteht sich von selbst. So haben eifrige Pflanzensammler schon vor bald zwei Jahrhunderten Magnolien nach Europa gebracht, zuerst in Form von Samen, später auch als junge Pflanzen. Und bald nahmen auch begeisterte Pflanzenzüchter diese faszinierenden Gehölze in ihre Obhut und begannen mit Aussaaten und Hybridisierungen. So entstand bis heute eine unüberschaubare Zahl phantastischer Magnoliensorten, die nun nach und nach uns Mitteleuropäern zugänglich werden.

Die schwierige Vermehrung der Magnolien in unseren Breiten und die komplizierten Veredlungsverfahren, die nur dem erfahrenen Gärtner vorbehalten bleiben, verhinderten lange Zeit eine rasche Ausbreitung dieser wundervollen Gewächse. Bei den heutigen Transportmöglichkeiten ist es jedoch einfach, aus klimatisch begünstigten Zonen Pflanzen in alle Welt zu verschicken. So können wir die Pflanzenproduktion in diesem Fall den Gärtnern und Baumschulern in wärmeren Klimagebieten überlassen und brauchen trotzdem nicht mehr auf diese wunderbaren Ziergehölze zu verzichten.

In diesem Buch werden auch mehrere, in unserem Klima nicht ausreichend winterharte Arten und Sorten beschrieben, wie vor allem die herrlichen *M. campbellii-* und *M. grandiflora*-Sorten. Da es aber von diesen Arten heute eine große Anzahl von Hybriden und Sorten gibt, die doch mehr oder weniger auch für Kontinentaleuropa in Frage kommen, mußten sie hier ausführlich behandelt werden. Nicht erwähnt werden hingegen einige andere Arten, die für unser Klima nicht genügend winterhart sind und zum Teil auch aus anderen Gründen entbehrlich scheinen, z. B. wegen der geringen Attraktivität oder der Kurzlebigkeit ihrer Blüten. Es sind dies *M. dealbata* und *M. schiediana* aus Mexiko, *M. delavayi* aus China sowie *M. globosa*, *M. nitida* und *M. rostrata* aus Ostasien. Die vielen tropischen Magnolienarten, die selbst in England nicht aushalten, wurden hier ebenso vernachlässigt.

So will ich mit diesem Buch versuchen, allen Pflanzenfreunden und Gärtnern, allen Baumschul- und Gartenbesitzern die Welt der Magnolien näher zu bringen, ihre Neugierde an diesen wundervollen Gehölzen zu wecken und den Wunsch entfachen, selbst solche Blütenträume zu besitzen oder gar zu vermehren.

Zum Gelingen dieses Vorhabens hat der Verlag Eugen Ulmer in großzügiger Weise beigetragen, und ich danke an dieser Stelle ganz besonders Herrn Ulmer und seinen Mitarbeitern, daß dieses schöne Buch zustande kam. Danken will ich aber auch den Magnolienliebhabern und Züchtern im Tessin, Herrn Otto Eisenhut in San Nazzaro, Herrn Dr. Piet van Veen in Vira sowie Sir Peter Smithers in Vico Morcote, die mich alle freundlich aufnahmen und mir gestatteten, viele der in diesem Buch behandelten Sorten zu fotografieren.

Dr. Günter Pardatscher
St. Andrä vor dem Hagenthale
Sommer 1995

# Inhaltsverzeichnis

# Botanische Grundlagen

*Magnolia denudata.* Die reinweiße Lilienmagnolie war die erste, die aus China zu uns kam. Mit ihr und der Purpurmagnolie schuf Soulange-Bodin seine zahlreichen, wundervollen Hybriden. Hier das größte und älteste Exemplar Österreichs vor dem Schloß Münichhofen in der Steiermark, das etwa 200 Jahre alt ist.

## Stellung der Magnolien im Pflanzensystem

Die Magnolien sind stammesgeschichtlich gesehen sehr primitive Blütenpflanzen. So werden in der »Gehölzflora« von Fitschen in der 1. Unterklasse der Dicotyledoneae (Zweikeimblättrigen), den Polycarpicae oder Magnoliidae, die Ordnungen der Magnoliales (mit den Familien der Magnoliaceae und Annonaceae), der Laurales (mit den Calycanthaceae und Lauraceae), der Aristolochiales (mit den Aristolochiaceae), der Illiciales (mit den Illiciaceae und Schisandraceae) und schließlich der Ranunculales (mit den Ranunculaceae, Berberidaceae und andere Familien) zusammengefaßt. Von der den Magnoliaceae nächststehenden Familie der Annonaceae kennen wir die einzige winterharte Art *Asimina triloba,* auch Papau oder Bananenbaum genannt, aus einigen Parkanlagen. *Asimina* hat wie die Magnolien 3zählige Blüten mit 2 mal 3 Kronblättern und auch die Blätter sind jenen der Magnolien sehr ähnlich.

## Sproßaufbau

Der Sproßaufbau der Magnolien ist sehr unterschiedlich, von kleinen, dicht verzweigten Sträuchern *(M. stellata, M. liliiflora)* über reich verzweigte, bis etwa 9 m hohe Bäume (die meisten Arten), als auch wenig verzweigte, eher sparrige, großkronige Bäume *(M. macrophylla, M. tripetala, M. hypoleuca).* Die baumförmigen Arten wachsen zumeist einstämmig, manche bilden auch mehrere Stämme aus (z. B. die *M.*-Soulangiana-Hybriden als Erbe von *M. liliiflora),* und schließlich gibt es richtige, mehrstämmige Sträucher *(M. liliiflora, M. sieboldii* und Verwandte sowie viele Hybriden).

Das Holz aller Magnolien duftet angenehm aromatisch, vor allem die Rinde bei

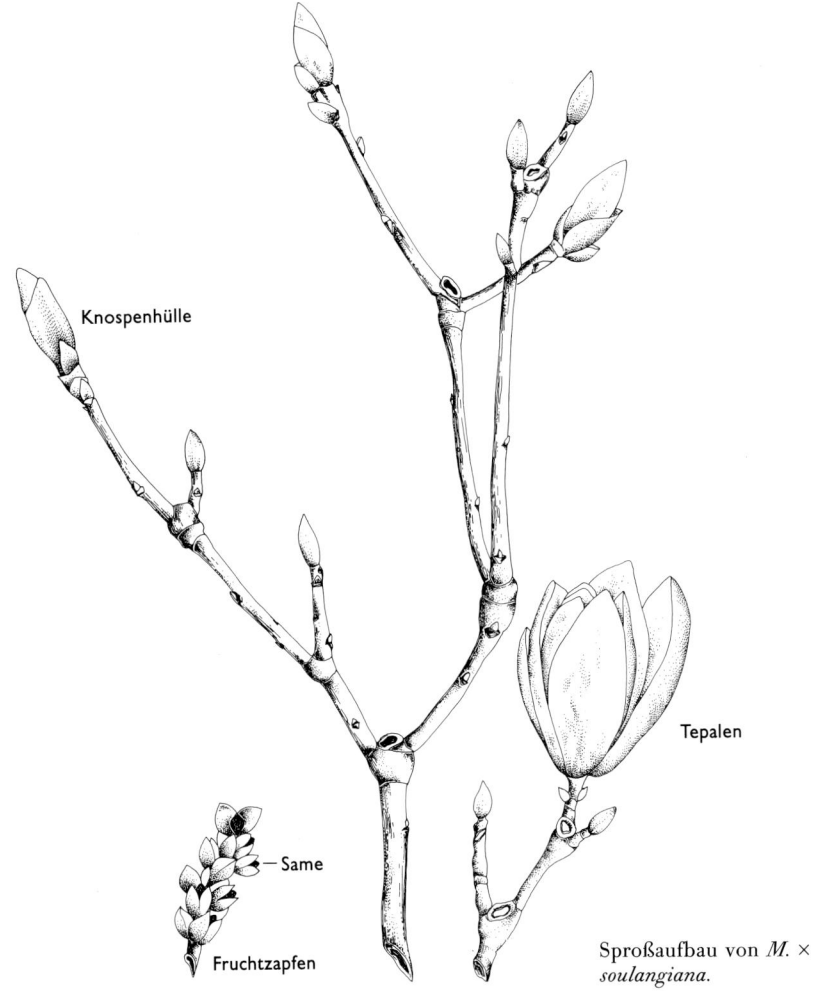

Knospenhülle

Tepalen

— Same

Fruchtzapfen

Sproßaufbau von *M.* × *soulangiana.*

frischem Anschnitt. Dieses duftende Holz ist auch beim Tulpenbaum *(Liriodendron)* und beim Gewürzstrauch *(Calycanthus)* bekannt, beides Verwandte der Magnolien. Das weiche, weiße bis gelbliche Holz kann vielseitig verwendet werden (siehe Seite 21).

## Blätter

Die Blätter der Magnolien sind je nach Gattung klein *(M. stellata, M. salicifolia)* bis sehr groß (z. B. bei *M. macrophylla* bis 80 cm lang!), einjährig oder immergrün. Die einjährigen Blätter sind derb, oft etwas ledrig und färben sich im Herbst ockergelb bis braun. Die immergrünen Arten haben dickledrige, dunkelgrün glänzende Blätter, die oft unterseits von einem feinen Haarflaum bedeckt sind, zumindest solange sie noch jung sind. Die immergrünen Blätter leben 2 Jahre und fallen im Frühjahr bis zum Sommer des 3. Jahres ab, während der Neutrieb mit den neuen Blättern heranwächst. Die Blätter sind am Stamm immer wechselständig, schraubig angeordnet, und zwar in $^2/_5$ Stellung. Das heißt, daß auf das 1. Blatt nach 2 Stammumrundungen 5 Blätter folgen, bis das 6. Blatt wieder genau über dem ersten steht. Diese Stellung ist die häufigste bei allen Gehölzen mit wechselständigen Blättern.

Die Blätter der Magnolien können Nebenblätter (Stipeln) haben. Diese sind entweder mit dem Blattstiel verwachsen und bleiben mit diesem erhalten wie bei *M. sinensis,* oder sie umhüllen die Triebspitze mit dem neuen, jungen Blatt wie eine Knospenhülle (Stipularscheide) frei *(M. nitida)* oder verwachsen wie bei vielen anderen Magnolienarten und werden bei Entfaltung der jungen Blätter abgeworfen.

## Blütenbau

Die Familie der Magnoliaceae zeichnet sich durch ein korollinisches Perianth aus, wobei oft keine Trennung in Kelch- und Blumenkronblätter erkennbar ist. Während bei den Ranunculaceae der Kelch aus hochgezogenen Laubblättern gebildet wird, gibt es bei den Magnoliaceae nur Knospenhüllen, die bei Öffnung der Blüten abfallen und die Kronblätter freigeben. Während man bei den »Klassischen Blüten« die Kelchblätter Sepalen und die Kronblätter Petalen nennt, gilt bei den Magnolien seit George Johnstone 1948 die Bezeichnung Tepalen, die andeutet, daß es sich hier um einheitliche Blumenkronblätter handelt, wenngleich bei manchen Arten der äußerste Wirtel dieser Tepalen, kleiner und weniger gefärbt, wie ein falscher Kelch erscheint *(M. acuminata, M. liliiflora)*.

Die Blütenknospen werden bei den Magnolien immer an der Spitze von Lang- oder Kurztrieben angelegt, ganz selten entwickeln sich die obersten Seitenknospen an Langtrieben auch zu Blütenknospen (z. B. bei einigen *M.*-Acuminata-Hybriden wie 'Elisabeth' und anderen, aber auch bei *M. liliiflora* oder *M. stellata*). Dies unter-

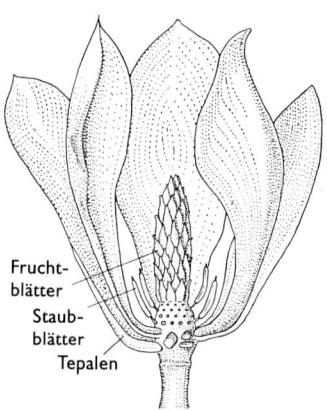

Frucht-
blätter
Staub-
blätter
Tepalen

Blütenaufbau von Magnolien: langgestreckte Blütenachse mit zahlreichen wirtelig angeordneten und freien Perigonblättern – (Tepalen), sowie schraubig angeordneten Staub- und Fruchtblättern (vorne z. T. entfernt). Aus Strasburger, Lehrbuch der Botanik 1983.

scheidet beispielsweise die Gattung *Miche-lia* von den Magnolien. Hier entstehen die Blüten sowohl an der Spitze wie auch in den seitlichen Blattachseln der Langtriebe.

Die Magnolien der Sektionen Yulania und Buergeria zeichnen sich dadurch aus, daß sich die Blüten vor dem Erscheinen der Blätter entfalten. Bei allen anderen Sektionen erscheinen die Blüten zugleich mit oder nach der Blattentfaltung.

Bei den Magnolienblüten stehen zuunterst die Knospenhüllblätter, meist 1, 2 oder auch mehrere, auf welche noch ein häutiges Hüllblatt folgt. Die äußeren Knospenhüllen sind oft dichtpelzig, vor allem bei den frühblühenden Arten. Sie umhüllen nicht nur die Blütenknospe, sondern auch die darunterliegenden, engen Nodien, die unterhalb der Blüte Blätter und neue Triebe hervorbringen. Nur das häutige Hüllblatt umschließt ausschließlich die Blüte selbst. Beim Öffnen der Blüte werden diese Hüllen abgestoßen.

Auf diese Hüllblätter folgen die Kelch- und Kronblätter, die bei manchen Arten noch sehr unterschiedlich ausgebildet sind (*M. acuminata, M. liliiflora, M. kobus, M. fraseri, M. tripetala, M. virginiana*). Die falschen Kelchblätter sind zumeist zurückgeschlagen und fallen bald ab. Bei den meisten Arten und Hybriden finden wir hingegen keinen ausgeprägten Unterschied zwischen Kelch- und Kronblättern, man spricht dann, wie erwähnt, von Tepalen. Diese Tepalen stehen in 2 bis 3 Wirteln zu je 3 Blättern, deren Zahl nach oben hin einen weiten Spielraum läßt. So können Gartensorten der Sternmagnolie bis zu 40 und mehr Tepalen aufweisen und sehen dann eher Chrysanthemenblüten ähnlich.

Die Knospen der Magnolien mit großen und früh erscheinenden Blüten zeigen oft eine auffällige Krümmung nach Norden hin, und zwar alle Knospen in der gleichen Weise. Man führt diese Krümmung auf das unterschiedliche Wachstum der Knospenhälften zurück, die auf der Südseite besser

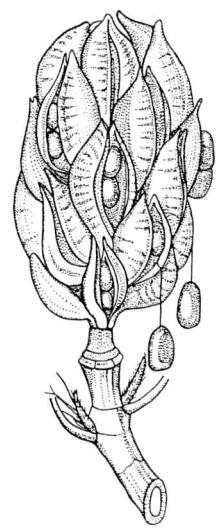

Sammelfrucht von *Magnolia virginiana* mit an Leitbündeln aus den Hülsen pendelnden roten Samen (aus Strasburger, Lehrbuch der Botanik 1983).

erwärmt werden und daher hier schneller wachsen als an der kühleren Nordseite. In der südlichen Hälfte unserer Erdkugel neigen sich die Knospen nach Süden hin, also ebenfalls weg von der Sonne.

Auf die Tepalen folgen der Gynandrophor, der in spiraliger Anordnung die zahlreichen Staubblätter trägt, und darüber an der gestreckten Spindel die ebenfalls schraubig angeordneten Fruchtblätter. Die Staubblätter öffnen sich seitlich oder auch nach innen (siehe Seite 108).

## Fruchtbildung

Den Magnolien und ihren Verwandten ist die Fruchtbildung mit aus je 1 Fruchtblatt bestehenden Einzelfrüchten, die meist zu mehreren in Sammelfrüchten zusammenstehen, eigentümlich. Die Früchte der Magnoliaceae stehen frei oder verwachsen an einer verlängerten Spindel und bilden so einen Fruchtkolben oder Zapfen, während z.B. die Ranunculaceae zumeist Balgkap-

Faszination der Magnolienblüten. *Magnolia × wieseneri* ist ein Kreuzungsprodukt aus *M. hypoleuca* und *M. sieboldii*. Sie ist ganz winterhart, wächst zu einem mittelgroßen, breiten Baum heran und blüht wundervoll!

seln oder Schließfrüchte ausbilden, die ebenfalls zu mehreren in einem Fruchtstand beisammenstehen. Besonders die Anordnung der Früchte an einer gestreckten Spindel erinnert noch sehr an die Zapfen der Koniferen. Wenngleich es sich hierbei nicht um Früchte handelt, sind doch die frei auf den Fruchtblättern liegenden Samenanlagen analog angeordnet.

Die Sammelfrucht reift zu einem später fleischigen, rosa bis rot gefärbten oder auch trockenen, braunen Kolben oder Zapfen heran. Die einzelnen Fruchtblätter öffnen sich bei der Reife an einer Rückennaht und geben die marginal angelegten, von einem leuchtend rosa bis rot gefärbten Samenmantel umhüllten Samen frei. Diese haften dann noch tagelang an einem seidenen Faden (Funiculum oder Raphe genannt) am Karpell, ehe sie abfallen. Dies begünstigt die Verbreitung durch Vögel oder Windböen. Der Samen selbst ist von einer harten schwarzen oder braunen Samenschale umgeben. In jedem Fruchtblatt (Karpell) entwickeln sich in der Regel 2 Samen, oft auch nur einer. Dies unterscheidet die Gattung *Magnolia* von *Michelia*, bei welcher mehrere Samen je Fruchtblatt gebildet werden.

Stehen nur einige entwickelte Früchte an der Zapfenspindel, sind diese einzeln erkennbar, wie beispielsweise oft bei *M. kobus* oder *M. loebneri* zu sehen ist. Entwickeln sich viele Früchte an der Spindel, erscheint diese als dicker Zapfen, an dem die einzelnen Karpelle miteinander verwachsen sind. Schön ist dies bei den *M. × soulangiana*-Sorten zu sehen, aber auch bei *M. sieboldii, M. tripetala* oder *M. hypoleuca*, wobei die rosa oder rot gefärbten Fruchtzapfen im Spätsommer sehr zierend wirken.

# Herkunft, Züchtung und Geschichte

## Geographische Verbreitung

Die rund 80 bekannten Magnolienarten stammen allesamt aus Ostasien und dem östlichen und südlichen Nordamerika. Die überwiegende Zahl der Arten ist in China, Japan, Korea, Taiwan, in der Mandschurei, in Indonesien bis Java und Malacca beheimatet. Der kleinere Teil mit 26 Arten stammt aus Südkanada, dem östlichen Nordamerika bis Zentralamerika, aus Mexiko bis Südostvenezuela.

In erdgeschichtlich früheren Zeiten, im Tertiär und in der Kreidezeit, also vor etwa 2 bis 65 Millionen Jahren, waren Magnolien, wie viele andere heute exotische Bäume auch, über die ganze nördliche Halbkugel verbreitet. Weite Wälder umgaben damals die arktische Region. Die letzte Eiszeit vor 10 bis 15 000 Jahren machte diesem Paradies jedoch ein Ende und nur solche Pflanzen, die vor den herannahenden Gletschern ausweichen und sich durch Samenverbreitung weiter südlich wieder festsetzen konnten, überlebten diese frostige Periode. Noch heute kann man im tiefen Gletschereis Pollenkörner und Samen von Pflanzen finden, die damals auch bei uns gelebt haben, wie Magnolien, Tulpenbaum, Ginkgo, Amberbaum und andere. Wenn wir solche Gehölze jetzt wieder anpflanzen, sind sie eigentlich keine Fremdlinge, sondern man könnte sie als ehemals einheimische Pflanzen betrachten.

In Nordamerika, wo die eiszeitliche Vergletscherung nicht soweit nach Süden vordrang wie in Europa und Asien, konnten sich auch in wesentlich nördlicher gelegenen Breiten Magnolien und andere wärmeliebende Gehölze halten und bis heute überleben. Auch ist zu bedenken, daß die Gebirgszüge in Nordamerika vorwiegend in Nord-Südrichtung verlaufen (Rocky Mountains, Appalachen), die Pflanzen konnten sich daher mit den zurückweichenden Gletschern wieder nordwärts ausbreiten. Die vorwiegend West-Ost verlaufenden Gebirgszüge Europas und Asiens hingegen bildeten auch nach dem Zurückweichen der Gletscher eine unüberwindliche Schranke für eine Wiederbesiedlung der nördlich dieser Gebirge gelegenen Gebiete (Alpen, Karpaten, Kaukasus, Himalaja). Südostasien jedoch blieb weitgehend von der Vergletscherung verschont, weshalb sich dort auch die größte Artenvielfalt an krautigen und holzigen Pflanzen der nördlichen Hemisphäre der ganzen Welt findet.

Die nordamerikanischen Magnolienarten bilden vorwiegend große Bäume, blühen erst nach 10 bis 15 Jahren und erst nach dem Laubaustrieb im Frühsommer und Sommer. Ihre Blütenfarben sind bescheiden: weiß, cremeweiß oder hellgelb. Es sind dies: *M. acuminata*, *M. cordata* (syn. *M. acuminata* var. *subcordata*), *M. fraseri*, *M. grandiflora*, *M. macrophylla*, *M. tripetala* und *M. virginiana*. Sie alle kommen, so wie der amerikanische Tulpenbaum (*Liriodendron tulipifera*), noch heute wildwachsend in ihren Ursprungsgebieten vor.

Die asiatischen Arten hingegen sind zumeist von kleinerem Wuchs – wenngleich *M. campbellii* oder auch *M. kobus* über 10 bis 12 m hohe Bäume bilden können. Sie blühen, außer den beiden genannten, auch schon nach wenigen Jahren und ihre Blü-

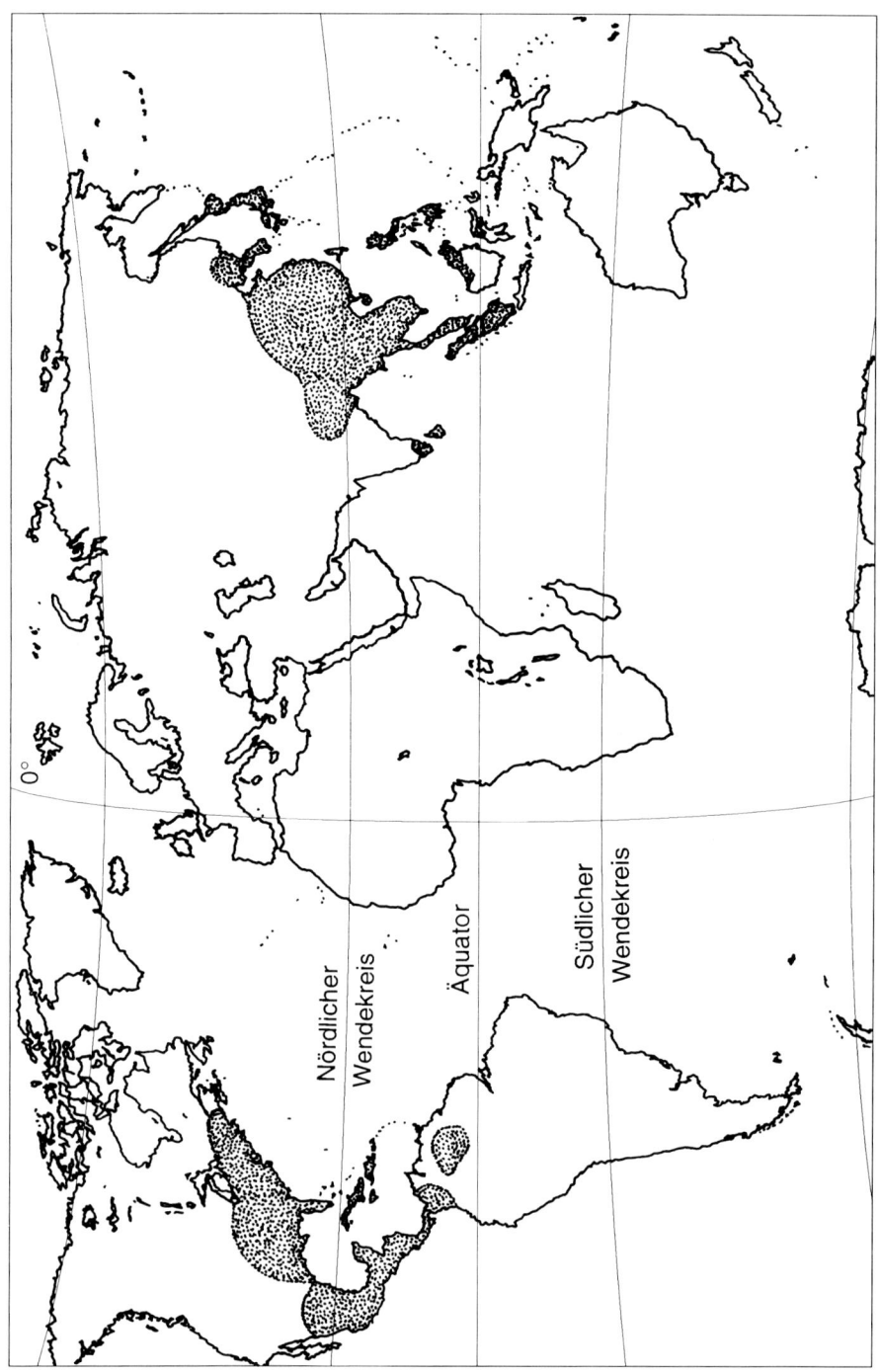

Heimatgebiete der Gattungen *Magnolia, Manglietia* und *Michelia*.

ten erscheinen oft schon vor dem Laubaustrieb (Sektionen Yulania und Buergeria) oder zugleich mit diesem, so daß ihre Blüten vielmehr zur Geltung kommen. Außerdem blühen diese Arten in vielen Farben, von weiß über rosa bis tief dunkelrot. Diese Eigenschaften sind es vor allem, warum wir die asiatischen Arten für unsere Gärten bevorzugen.

Einige dieser ostasiatischen Arten sind schon sehr alte Kulturpflanzen. So wurde z. B. *M. officinalis* (Hou-phu) schon seit Jahrhunderten in Sechuan kultiviert und zwar nicht nur der Blüte wegen, sondern auch wegen ihrer dicken Rinde, aus der ein hoch bezahltes Tonikum hergestellt wurde. *M. denudata*, die Yu-lan oder Jade-Orchidee wurde schon im 7. Jahrhundert von buddhistischen Mönchen in Zentralchina gesammelt und als Zierbaum gepflegt und ist seit der Tang-Dynastie (618–907) in den chinesischen Gärten weit verbreitet. In alten Tempelgärten sind uralte und große, knorrige Exemplare zu sehen. Die Blütenblätter wurden auch gegessen und verschiedene Teile des Baumes wurden zu medizinischen Präparaten verarbeitet.

Ebenso ist die *M. liliiflora* oder Mu-lan, die Waldorchidee, in China schon sehr lange in Kultur. Auch sie wurde als Medizinalpflanze verwendet, aber auch als schwachwüchsige Veredlungsunterlage für andere Magnolienarten. Sehr bald kamen diese Magnolien auch nach Japan, wo ihnen ebenfalls große Verehrung entgegengebracht wurde und sie in den Gärten und Tempelanlagen hoch geschätzt waren. In freier Wildbahn ist *M. liliiflora* heute nirgends mehr zu finden, höchstens als ausgewilderte Sämlinge aus Gärten und Anlagen.

Die ersten Berichte von amerikanischen Magnolien stammen von dem Physiker am Hofe Philipp II. von Spanien, Francisco Hernandez, der 1570 die erste wissenschaftliche Expedition nach Mexiko unternahm und in insgesamt 7 Jahren 6 Bände Text und 10 Bände mit Zeichnungen über

Pflanzen und die Kultur der Azteken verfaßte. Nach seinem frühen Tod wurde das Werk im Escorial aufbewahrt, aber niemals veröffentlicht. Erst später wurde der Physiker Nardo Antonio Reccho von Philipp II. beauftragt, Auszüge aus diesem Werk zu verfassen. Aber erst zwischen 1629 und 1651 wurden durch Mitglieder der Akademie von Lincei Teile aus diesem Extrakt mit Beschreibungen von 412 Pflanzen veröffentlicht, wobei auch ein nicht blühender Zweig von *M. dealbata* aufgezeichnet war, der einzigen sommergrünen, tropischen Magnolie.

Die erste Erwähnung einer mexikanischen Magnolie findet sich in der Geschichte der Azteken. Der Yolloxichitl (»Herzblüte«), später identifiziert als *Talauma mexicana*, fand sich in einem aztekischen Kräuterbuch von 1552. Dieser Baum war im Garten von Huaxtepec angepflanzt, der dem Bruder Montezumas gehörte.

## Entdeckungsgeschichte

Einer der größten Gärtner seiner Zeit war Henry Compton (1632–1713), Bischof von London und der nordamerikanischen Kolonien. Er importierte Pflanzen aus verschiedenen Ländern und setzte sie in seinem Garten in Fulham Palace aus. So brachte er bald eine große Sammlung von Exoten zustande. Er sandte den Missionar John Bannister als Prediger nach Virginia, der sich bald als begeisterter Pflanzensammler entpuppte. 1688 sandte er Pflanzen von *M. virginiana* nach England, der 'Sweet Bay Magnolia', die damals *Laurus tulipifera* genannt wurde.

Erst 1731 erkannte der englische Botaniker Marc Catesby die Zugehörigkeit dieser Art zur Gattung *Magnolia*. Er hielt sich ab 1710 9 Jahre in Amerika auf und sammelte unzählige Pflanzen und deren Abbildungen, die nach seinem Tod Hans Sloane, der Begründer des British Museum übernahm.

1730 kam *M. grandiflora* nach England, die ihrer wundervollen Blätter und Blüten wegen bald in vielen Gärten Englands, Frankreichs und Italiens zur Anpflanzung kam. Sie verdrängte weitgehend die bis dahin beliebte *M. virginiana*, die nur noch in botanischen Sammlungen erhalten wurde.

Die erste Magnolie, die aus Ostasien nach England kam, war *M. denudata*, die Yu-lan oder Lilienmagnolie, und zwar durch Joseph Banks 1780. Dieser Botaniker und Naturforscher reiste mit Captain Cook 1768 bis 1771 um die Welt. 1790 wurde *M. liliiflora* durch den 3. Herzog von Portland nach England gebracht. Er fand diese Art als Kulturpflanze in Japan. Wie auch *M. denudata* wurde sie bereits seit Jahrhunderten in China kultiviert.

1861 gelangte *M. stellata* nach Rhode Island, wo sie George Hall kultivierte (daher der alte Name *M. halliana*). Von hier aus erreichte die Art 1877 schließlich England, wo sie in Veitch's Coombe Nursery ein Jahr später blühte. John Gould Veitch soll auch *M. liliiflora* 1861 abermals aus Japan nach England gebracht haben. 1868 kam *M. campbellii* aus dem indischen Himalajagebiet nach England und schließlich wurde um 1880 auch *M. hypoleuca* aus Japan nach England eingeführt.

Mit Beginn des 20. Jahrhunderts bereisten die großen Botaniker und Pflanzensammler Ernest Henry Wilson und George Forrest Westchina und entdeckten dort *M. campbellii* ssp. *mollicomata*, *M. sargentiana* var. *robusta*, *M. sprengeri* und *M. dawsoniana*. Sie brachten diese wundervollen Magnolien nach England mit. Solche Pflanzen sind als alte Bäume heute noch in den großen botanischen Gärten Südenglands, vor allem in Cornwall zu bewundern.

Bei der Beschreibung der Magnolienarten im 2. Teil dieses Buches wird, soweit bekannt, von den Entdeckern und Sammlern der Arten sowie von deren Einführung nach England berichtet. Während in den vergangenen Jahrhunderten jede Einfuhr von Pflanzen noch schwierig war, ist dies heute kein Problem mehr. Im Zeitalter der weltweiten Post- und Flugverbindungen ist es ein Leichtes, Pflanzen und Samen aus allen Kontinenten in alle Länder zu verfrachten. Gartenbaubetriebe als auch Universitätsinstitute und Botanische Gärten sind stets bemüht, neue Arten und Hybriden zu erwerben, zu testen und der Allgemeinheit zugänglich zu machen. Das Problem liegt heute nicht mehr in der Pflanzenbeschaffung, sondern vielmehr in der Testung auf die gärtnerische Brauchbarkeit der Neuheiten in den jeweiligen Importländern.

# Züchtung der Magnolien

Bei der großen Fülle wunderschöner Wildformen, wie sie uns die Gattung *Magnolia* bietet, lag es natürlich nahe, daß sich verschiedene Züchter dieser Pflanzen annahmen und durch Kreuzung und Selektion eine bis heute fast unüberschaubare Anzahl von Gartenhybriden und Sämlingsvarianten schufen.

Der erste Pflanzenliebhaber, der sich mit der Hybridisierung von Magnolien befaßte, war Soulange-Bodin, ein französischer Kavallerieoffizier, der unter Napoleon I. diente. Nach seiner militärischen Laufbahn, die durch die Schlacht von Waterloo abrupt beendet wurde, gründete er 1815 das Königliche Gartenbauinstitut in Fromont bei Paris und begann 1820 mit der Züchtung von Magnolien. Er verwendete für seine Hybridisierungen die damals schon in Europa bekannten Arten *M. denudata*, die Lilienmagnolie, und *M. liliiflora*, die Purpurmagnolie. Aus dieser Verbindung der weiß blühenden Lilienmagnolie mit der dunkelrot blühenden Purpurmagnolie entstanden die heute überall verbreiteten *M.*-Soulangiana-Hybriden, die alle Farbnuancen von reinweiß über rosa, gestreift und geflammt, bis zu tief weinroten Blüten aufweisen. Diese Hybriden sind durch spätere Kreuzungen der gleichen Eltern sowie durch Sämlingsvermehrung und Selektion bestehender Sorten noch sehr vermehrt worden.

1907 führte C. M. Veitch in Exeter, England, Kreuzungen von *M. campbellii* mit *M. denudata* durch. Diese Hybriden, *M.* × *veitchii* genannt, erwiesen sich als wundervolle Sorten, wenngleich sie aufgrund ihres frostempfindlichen *M. campbellii*-Erbes nur für wintermilde Gebiete geeignet sind.

Sehr interessant war auch eine Kreuzung von *M. kobus* mit *M. stellata*, die der Züchter Max Löbner in Pillnitz bei Dresden erzielte und die 1917 erstmalig blühte. Diese Arthybride, *M.* × *loebneri* genannt, nimmt eine Mittelstellung zwischen ihren Eltern ein. Sie wächst nicht so stark wie *M. kobus*, aber viel stärker als *M. stellata* und ihre überreich erscheinenden Blüten sind etwas größer und schöner als jene ihrer Eltern. Diesen ursprünglich reinweißen Sorten gesellten sich später noch weitere wunderschöne Gartensorten hinzu wie die rosa blühende 'Leonard Messel' aus Sussex oder die 'Merrill' mit 15 weißen Tepalen, die Karl Sax im Arnold Arboretum erzielte.

Um 1925 entstand in Japan die Sorte 'Picture', deren Eltern nicht einwandfrei feststehen. Amos A. Pickard hat sich später in England mit dieser Neuheit befaßt und die von ihm erzielten, selektierten Sämlinge von 'Picture' werden nun als Pickard-Hybriden bezeichnet. Sie bereichern unser Magnoliensortiment mit einer Reihe wunderschöner, harter Sorten.

1955 und 1956 führten Francis de Vos und William Kosar am National Arboretum Washington (D. C.), USA, mehrere Hybridisierungsprogramme mit *M. liliiflora* 'Nigra' und *M. stellata* 'Rosea' sowie *M. stellata* 'Waterlily' durch. Nach sorgfältiger Auslese resultierte daraus eine Reihe wunderschöner Hybriden, die nun allgemein als De Vos-Kosar-Hybriden bezeichnet werden

oder auch als die »8 Kleinen Mädchen« ihrer Mädchennamen wegen. Sie haben alle ein schwaches Wachstum, bilden mehrstämmige, höchstens 4 m hohe und breite Sträucher mit rosa oder roten Blüten und sind völlig winterhart. Sie eignen sich hervorragend für kleine Gärten.

Einer anderen Kreuzungsreihe von Kosar, nämlich aus *M. sprengeri* 'Diva' mit *M. liliiflora*, entsprangen die phantastischen Sorten 'Galaxy' und 'Spectrum', die heute zu den schönsten Magnoliensorten zählen.

Um 1955 kreuzte Todd Gresham in Santa Cruz, Kalifornien, *M. liliiflora* 'Nigra' und *M.* × *soulangiana* 'Lennei Alba' mit *M.* × *veitchii*. Daraus entstanden Tausende von Sämlingen, die nach und nach gesichtet und ausgelesen wurden. Erst in den 80er Jahren wurden diese Züchtungen bekannt, die Gresham als »Schlanke Brünette« und »Dralle Nordische Blonde« bezeichnete. Nach Greshams Tod 1969 übernahmen die Tom Dodd Nurseries in Alabama und das Gloster Arboretum in Mississippi die vielen Sämlinge zur weiteren Auslese. Diese Gresham-Hybriden stellen heute ein großes Kontingent hervorragender Gartensorten mit weißen bis tief rosaroten Blüten dar, die wesentlich frosthärter sind als die *M.* × *veitchii*-Sorten.

Ein anderer, erfolgreicher Magnolienzüchter ist Philip J. Savage in Bloomfield Hills in Michigan, USA. Er begann 1960 mit seinen Kreuzungen, wobei er mit verschiedenen Arten und Sorten arbeitete. Seine bekanntesten Neuzüchtungen sind 'Big Dude', 'Fireglow', 'Goldfinch', 'Yellow Lantern', 'Marjorie Gossler' und 'Karl Flinck'. Als Savages beste Hybride darf man aber wohl 'Butterflies' bezeichnen, nach D. Callaway die schönste, gelbblühende Magnolie bisher und völlig frosthart!

Zu den neuesten Züchtungen zählen aber auch die Hybriden von *M. acuminata*, die erstmals reine Gelbtöne in den Blüten aufweisen. *M. acuminata*, die Gurkenmagnolie, ist ein bei uns selten gepflanzter

Gresham-Hybriden. Diese Züchtungen entsprangen in zweiter Generation *M. campbellii*-
Nachkommen, sind gut winterhart und auch bei uns in nicht zu kalten Lagen zu empfehlen.
'Heaven Scent' ist eine bezaubernde Gresham-Hybride mit duftenden, rein rosa Blüten.
Hier im Garten von Sir Smithers in Vico Morcote am Luganersee.

Baum aus Kanada und den östlichen Staaten der USA mit kleinen, unscheinbaren, gelblichgrünen bis bläulichgrünen Blüten und gurkenförmigen Früchten. Die unschätzbaren Vorteile dieser Art sind jedoch ihre völlige Frosthärte (bis −35°C) und ihre Kalktoleranz, beides erstrebenswerte Ziele für neue Züchtungen.

Eva Maria Sperber vom Botanischen Garten Brooklyn in New York kreuzte in den 5oer Jahren eine intensiver gelb blühende Form, *M. acuminata* var. *aurea* mit *M. denudata* und *M.* × *soulangiana*. Daraus entstanden einige reingelb blühende Hybriden mit großen, duftenden Blüten, die vor oder mit dem Laubaustrieb erscheinen. Eine andere Kreuzungsreihe befaßte sich mit der Hybridisierung von gelb blühenden Sorten der *M. acuminata* mit der ihr nahe verwandten *M. liliiflora*. Auch unter diesen, als *M.* × *brooklynensis*-Hybriden bezeichneten Sorten fanden sich einige gute Neuheiten mit gelben oder mehrfarbigen Blüten.

Auch in Japan nahm der Baumschuler Nakamura ähnliche Kreuzungen vor. Daraus entstammt z. B. die rein hellgelb blühende Sorte 'Koban Dori'. Die Baumschule Otto Eisenhut in San Nazzaro im Tessin führt mehrere dieser »Gelben Magnolien« und es liegen zumindest dort schon einige Erfahrungen mit diesen Neuheiten vor.

Eine neue Züchtungsrichtung bahnt sich offenbar mit blau blühenden Magnolien an.

Man verwendet hierbei mehr blaugrün blühende Varianten der *M. acuminata*. Der beste blau blühende Klon dürfte derzeit die Sorte 'Philo' sein, die aus Philo in Illinois stammt und im Hillier-Arboretum »Car Park« bei Winchester steht. Über eine Vermehrung oder Weiterzüchtung ist vorläufig nichts bekannt. Eine weniger gute »blaue« Sorte ist 'Seiju' von Nakamura in Japan. Beide Sorten sind aber eher grünlichblau.

Eisenhut vermehrt auch eine eher kleinblütige blaue Sorte aus Karlsruhe, die im dortigen Botanischen Garten steht – alle diese Sorten blühen aber eher grünlichblau bis stahlblau.

Diese Aufzählung mag vorläufig genügen. Im zweiten Teil dieses Buches werden bei der Beschreibung der Hybriden weitere Züchter genannt, wie z. B. Felix Jury und Oswald Blumhardt aus Neuseeland, Joe McDaniel aus Illinois oder August Kehr aus North Carolina. Nicht jede Neuzüchtung war ein »Haupttreffer«, aber aufgrund der strengen Selektion, die heute zwingend erforderlich ist, wenn sich die Sortenzahl nicht ins Uferlose vermehren soll, sind alle Neuheiten gut.

In Zukunft soll in erster Linie auf eine bessere Frosthärte, spätere Blütezeit wegen der Frühjahrsfröste sowie auf bessere Kalkverträglichkeit hin gezüchtet werden. Wenn man eines Tages die phantastischen Blüteneigenschaften der *M. campbellii*, ihrer Varietät *mollicomata*, *M. sprengeri* oder *M. sargentiana* mit diesen angestrebten Zielen verbinden kann, dann wird einer rasanten Verbreitung dieser wundervollen Gewächse auch in unseren Breiten nichts mehr im Wege stehen!

'Philo' ist die derzeit beste blau blühende Selektion aus Illinois, USA. Der hier abgebildete Baum steht bei Winchester in England und dürfte noch nicht in baumschulmäßiger Vermehrung sein.

# Magnolien in Medizin und Wirtschaft

Magnolien wurden in China schon seit Jahrhunderten für medizinische Zwecke

*Magnolia officinalis* wurde in China schon seit vielen Jahrhunderten als Medizinalpflanze verwendet.

verwendet. Die ersten Publikationen darüber finden sich in der Chinesischen Pharmazeutischen Naturgeschichte von 1083. Damals wurde *M. officinalis* (Hou-phu) vorwiegend zu medizinischen Zwecken kultiviert. So wurden in Sechuan und Hupeh sowohl die Rinde als auch die Blütenknospen verwendet. Ein Aufguß der Rinde linderte Husten und Verkühlungen und ergab ein Tonikum während Krankheitszuständen. Die Blütenknospen wurden bei Frauenleiden eingesetzt.

*M. liliiflora* (Mu-lan) wurde ebenfalls als Droge in der Heilkunde verwendet, *M. denudata* (Hsin Iyu-lan oder Yu-lan) diente seit Jahrhunderten als Nahrungspflanze und als Grundlage für medizinische Präparate. Die Blütenblätter wurden in Fett gebacken und geröstet gegessen, die Rinde wurde zur Behandlung von Erkältungen gebraucht. Ebenso diente die Rinde von *M. kobus* den Ainu, den Ureinwohnern von Japan, für Heilzwecke.

Auch in Amerika wurde die Rinde von *M. grandiflora* als Tonikum, Stimulans und Droge gebraucht, ebenso galt die Rinde von *M. virginiana* als Tonikum und Mittel gegen Fieber. Auch hatte sie den Ruf, bei Verdauungsbeschwerden, bei Ruhr und Rotlauf, sowie bei Hautkrankheiten zu helfen. Der Tee aus der Rinde half, das Rauchen abzugewöhnen und ein Aufguß wurde zum Spülen bei Zahnfleisch- und Munderkrankungen empfohlen.

Die Gattung *Talauma*, die in den Tropen Asiens und Amerikas vorkommt, fand ebenso medizinische Verwendung. Die Azteken kultivierten im 15. und 16. Jahrhundert *Talauma mexicana*, genannt Yolloxochitl oder Herzblume, nach der Form der Blütenknospen, wegen ihrer Rinde, die als Mittel gegen Fieber, Herzkrankheiten, Epilepsie und Lähmungen Verwendung fand. Holz und Rinde des Tulpenbaumes, *Liriodendron tulipifera*, enthalten Tulipiferin, ein Alkaloid, das bei Herz- und Nervenerkrankungen eingesetzt wurde.

Aber auch das Holz der Magnolien fand für verschiedene Zwecke Verwendung. *M. hypoleuca* und *M. kobus*, die ein weiches, feinkörniges, hellgelbes Holz haben, wurden in Japan für Furniere, Möbel und Holzschnitte gebraucht. In Amerika verwendete man das weiche, gelbbraune Holz von *M. acuminata* und *M. macrophylla* ebenfalls in der Möbeltischlerei und für Bodenbeläge, während aus dem Holz von *M. virginiana* verschiedentlich Besenstiele gefertigt wurden.

Das Holz von *Michelia*-Arten verwendete man im tropischen Asien für Hausgeräte, Furniere und zur Sargherstellung. Von *Michelia champaca* fanden überhaupt alle Teile Verwendung, so z. B. in Siam die Blüten in der Kosmetik, während man ein ätherisches Öl aus den Blüten zu Parfums verarbeitete. Ein Getränk aus der Rinde hatte fiebersenkende Wirkung, aus dem Holz erzeugte man Furniere, Türfüllungen und Teekästchen. Die Blätter schließlich dienten, wie die des weißen Maulbeerbaumes, als Futter für die Seidenraupenzucht.

# Systematische Einteilung der Magnoliaceae

## Literatur zur Systematik von Gattung und Familie

Der erste Wissenschaftler, der sich eingehend mit den Magnolien befaßte, war John Guille Millais, ein englischer Naturforscher, der von 1865 bis 1931 in Sussex lebte und Bücher über Rhododendren und Magnolien verfaßte. Sein Werk »Magnolias« erschien 1927 und war fast 30 Jahre lang das einzige, kompetente Fachbuch über Magnolien. Allerdings war es insofern unvollständig, als Millais viele Arten und Sorten beschrieb, die bis dahin noch nie in Europa oder in den USA geblüht hatten. So gab es viele Unklarheiten, sowohl in der Beschreibung, als auch in der Namensgebung.

1955 erschien dann das Werk »Asiatic Magnolias in Cultivation« von George H. Johnstone, einem Gärtner und Botaniker aus Cornwall, England, in dem alle bisherigen Erfahrungen mit Magnolien in englischen Gärten dargelegt wurden, wobei jedoch die amerikanischen Arten nicht berücksichtigt waren.

Ein halbes Jahrhundert lang wurde jedoch die Wissenschaft um die Magnolien von dem englischen Botaniker James Edgar Dandy aus Preston beherrscht, der von 1903 bis 1976 lebte. Er verfaßte zahlreiche Schriften wie die Monographie »Survey of the Genus Magnolia together with Manglietia and Michelia«, veröffentlicht im Royal Horticultural Society's Camellias and Magnolias Conference Report 1950. Sein Werk »Revised Survey…« ist bis heute maßgebend für die systematische Einteilung der Magnoliaceae.

Die bedeutendste, neueste Publikation bis zum Erscheinen des umfangreichen Werkes »Magnolias« von Neil G. Treseder war zweifellos jene des amerikanischen Sepzialisten Stephen A. Spongberg, »Magnoliaceae hardy in Temperate North America«, die im Journal des Arnold Arboretums 1976 erschien. Spongberg nahm auch viele Neubenennungen vor, beziehungsweise bestätigte er alte Namen als richtig und brachte so die Systematik der Magnolien auf den vorläufig letzten Stand. Dabei verwendete er vor allem die Erfahrungen des Pflanzensammlers und späteren Leiters des Arnold Arboretums Ernest Henry Wilson (1876–1930).

Für unsere Zeit ist das Buch »Magnolias« (1978) von Neil G. Treseder das wichtigste und umfassendste Werk über Magnolien. Treseder war Gärtner und Baumschuler in Cornwall, er studierte die wundervollen Gärten dieses Distrikts, die viele der erstimportierten Pflanzen von George Forrest und Ernest H. Wilson enthalten. Außerdem besuchte er alle namhaften Magnoliensammlungen in anderen Grafschaften Englands, in Amerika und in Ostasien. Treseder stand mit den Leitern der führenden Botanischen Gärten und Magnolienzüchtern der ganzen Welt in Verbindung, er korrespondierte mit beinahe allen namhaften Magnolienspezialisten seiner Zeit.

Treseder brachte somit eine ungeheure Menge an eigenen Erfahrungen in sein Werk ein. Er hielt sich in der Systematik an den »Revised Survey of the genus Magnolia« nach J. E. Dandy und übernahm auch dessen Artbenennungen (siehe auch Seite 25).

Ein bedeutendes Werk über Magnolien ist das 1989 erschienene Buch »Magnolias, their Care and Cultivation« von Jim M. Gardiner, dem Kurator des Royal Horticultural Society's Garden in Wisley. Gardiner arbeitete an den Savill- und Valley-Gärten in Windsor, am Royal Botanic Garden in Edinburgh sowie an den Liverpool Botanic Gardens. Er ist Kurator des Hillier Arboretums bei Winchester und ein begeisterter Gärtner, der sich speziell mit Magnolien befaßte. Da die Bücher von Johnstone und Treseder seit Jahren vergriffen sind, zählt nun das von Gardiner zusammen mit dem nachstehend genannten zu den einzigen, noch erhältlichen, ausführlichen Werken über Magnolien in englischer Sprache. Es ist hervorragend geschrieben und wartet mit wundervollen Farbbildern auf.

Das neueste, umfassende Werk über Magnolien ist das 1994 erschienene Buch »The World of Magnolias« von Dorothy J. Callaway, Thomasville, Georgia, USA. Frau Callaway studierte Gartenbau und Botanik, wobei sie besonders die Taxonomie der in Nordamerika kultivierten Magnolien verfolgte. Später betrieb sie gemeinsam mit ihrem Mann auch die Kultur und Züchtung von Magnolien. Heute leitet sie die Registratur der Magnoliensorten und arbeitet im Vorstand der American Magnolia Society. »The World of Magnolias« ist übersichtlich und leicht verständlich geschrieben und ausgezeichnet illustriert.

# Bemerkungen zur Nomenklatur

Der französische Botaniker Pierre Joseph Buc'hoz beschrieb 1779 in »Plantes Nouvellement Decouvertes« die »Lassonia quinquepeta«, die damals in China »Mu-lan« hieß, sowie die »Lassonia heptapeta«, die »Yu-lan« der Chinesen.

Der französische Botaniker Charles Plumier gab der Gattung zu Ehren des Botani-kers und Direktors des Botanischen Gartens in Montpellier, Pierre Magnol (1638–1715) den Namen *Magnolia*. Obwohl Plumier eine tropische Magnolie mit diesem Namen belegte (heute *Talauma dodocapetala*), übernahm der große schwedische Botaniker Carl von Linné 1737 diesen Namen für die Art *M. virginiana* und gab der ganzen Familie den Namen Magnoliaceae.

Der ebenfalls französische Botaniker Louis Auguste Joseph Desrousseaux (1753–1838), ein Mitarbeiter von B. M. de Lamarck, gab in seiner »Encyclopedie Methodique Botanique« 1791 der Buc'hoz-schen *Lassonia quinquepeta* den Namen *M. liliiflora* und der *Lassonia heptapeta* den Namen *M. denudata*.

Buc'hoz kannte diese Magnolienarten nicht als blühende Pflanzen, sondern berief sich auf unrichtige Abbildungen aus China, worauf *M. quinquepeta* mit 5 Tepalen und *M. heptapeta* mit 7 Tepalen dergestellt waren.

James Edgar Dandy (1903–1976), der anfangs im Herbarium von Kew, später im British Museum für Naturgeschichte in London arbeitete, vereinigte die Buc'hoz'sche Gattung *Lassonia* mit der Gattung *Magnolia* und verfaßte eine Monographie der Magnolien (Survey of the genus Magnolia, 1950). Er erkannte die Diskrepanz der Buc'hoz'schen Bezeichnungen, denn *M. heptapeta* müßte der Bezeichnung nach 7 Tepalen haben, hat aber 9 bis 12. Ebenso müßte *M. quinquepeta* 5 Tepalen besitzen, hat aber in Wahrheit nie unter 6 und oft mehr als 9, wozu noch die 3 äußeren Tepalen kommen, die einen »falschen Kelch« bilden. Obwohl Dandy geneigt war, die Buc'hoz'schen Taxa zu verwerfen, entschied er sich schließlich doch für deren Beibehaltung, weil sie nach der Prioritätsregel (Erstbeschreibung) als rechtmäßig zu gelten hatten.

Verschiedene andere Botaniker, wie der amerikanische Botaniker Alfred Rehder, verwarf 1913 die Buc'hoz'schen Bezeichnungen als falsch und nahm wieder die Benennungen von Desrousseaux als richtig an. So waren die Taxa »*denudata*« und »*liliiflora*« jahrzehntelang gebräuchlich (und sind es heute wieder). Aber, obwohl auch spätere Botaniker die Taxa »*denudata*« und »*liliiflora*« als richtig erkannten, weigerten sie sich beharrlich, die Prioritätsregeln zu verletzen und traten für die Beibehaltung der Taxa »*heptapeta*« und »*quinquepeta*« ein. So blieben diese Namen bis vor kurzem gültig (wenngleich zwischen Buc'hoz 1779 und Desrousseaux 1791 nur eine Differenz von 12 Jahren bestand).

1986 prüften die Botaniker Elisabeth McClintock von der Abteilung für Botanik an der Universität von Kalifornien, Berkeley, C. A. und Frederik G. Meyer vom US National Arboretum Washington D. C. nochmals die Herkunft der Buc'hoz'schen Taxa genau nach und kamen zu der Überzeugung, daß die *Lassonia heptapeta* und *Lassonia quinquepeta*, die Buc'hoz nach chinesischen Abbildungen beschrieb und die er oberflächlich mit den in China gebräuchlichen Arten Yu-lan und Mu-lan in Verbindung brachte, mit diesen Arten nicht identisch waren. Das ergibt sich schon aus den obigen Ausführungen, wonach die auf den Bildern dargestellten Magnolien ganz anders aussahen als die uns bekannten *M. denudata* und *M. liliiflora*. Da also die Buc'hoz'schen Bezeichnungen nicht der Realität entsprechen, sind sie zu berichtigen und es gelten jetzt wieder die Taxa von Desrousseaux, *M. denudata* und *M. liliiflora*.

Während noch Treseder 1978 in seinen großartigen Werk »Magnolias« und selbst auch noch Spongberg vom Arnold Arboretum 1989 die Buc'hoz'schen Taxa beibehielten, kehrte Gardiner in seinem Werk 1989 zu den Desrousseaux'schen Bezeichnungen zurück, die ja auch schon Johnstone in seiner Monographie der Asiatischen Magnolien 1955 wieder verwendete.

Der »Zander«, das derzeit gültige Namensverzeichnis der Pflanzen der Erde,

verwendet, ebenso wie der »Fitschen« in der 8. Auflage des Buches »Gehölzflora« von 1987, wieder die Namen *M. denudata* und *M. liliiflora* von Desrousseaux. Darum will auch ich in diesem Buch bei diesen gebräuchlicheren und auch richtigen Namen bleiben.

Unterstützt werde ich dabei auch von D. Callaway, die in ihrem kürzlich erschienenen Werk »The World of Magnolias« ebenfalls diese Taxa verwendet.

Es gäbe noch manche kuriose Namensgebung zu klären. So bezeichnete z. B. der große schwedische Naturforscher Linné 1759 die *M. tripetala* falsch, indem er sich an ein gemaltes Bild anlehnte, das der englische Botaniker Catesby in Amerika anfertigte, das die 3 äußeren Tepalen deutlich hervorhebt, während die 6 inneren aufrecht und eng an die Narbensäule angelehnt waren. Auch *M. tripetala* hat 9 Tepalen – trotzdem blieb ihr Name bis heute gültig.

Alle neuen Pflanzennamen müssen vom Internationalen Büro für Pflanzenbenennung in Utrecht (Holland) genehmigt und registriert werden. Diese werden im periodischen erscheinenden Buch des Internationalen Kodex der Botanischen Nomenklatur veröffentlicht und sind für alle weiteren Beschreibungen von Pflanzenarten, -Variationen und -Hybriden verbindlich.

## Einteilung der Magnoliaceae

Die folgende Einteilung basiert auf den Untersuchungen von Spongberg und wurde ergänzt mit den Gattungen *Manglietia*, *Talauma* und *Schisandra*, sowie mit mehreren Arten nach der Systematik von Dandy. Verändert wurden die Artbezeichnungen der *M. heptapeta* und *M. quinquepeta*, die sowohl Spongberg als auch Dandy noch führen, in die Taxa *M. denudata* und *M. liliiflora*, die, siehe oben, heute als richtig gelten.

**Magnoliaceae** A. Juss.

Die Familie umfaßt 12 Gattungen mit 200 Arten

1. Genus *Magnolia* L., 80 Arten in 11 Sektionen.
2. Genus *Manglietia* Bl., 25 Arten im tropischen und subtropischen Asien.
3. Genus *Michelia* L., 45 Arten im tropischen und subtropischen Asien.
4. Genus *Talauma* A. Juss., 40 Arten im tropischen und subtropischen Asien, in Südmexico bis Brasilien.
5. Genus *Liriodendron* L., 2 Arten, eine in Asien, 1 in Nordamerika.
6. Genus *Schisandra* Michx., 25 Arten, davon 1 in Nordamerika, alle anderen in Ost- und Südostasien.

# 1. Genus Magnolia L.

**Subgenus Magnolia**

Immergrüne oder laubabwerfende Bäume und Sträucher. Blüten öffnen sich zugleich mit dem Blattaustrieb oder später. Tepalen gleichartig, der äußere Quirl so wie die inneren, nicht verkleinert und kelchartig. Antheren öffnen sich nach innen. 8 Sektionen aus Amerika und Asien, die Arten von 6 Sektionen in »westlicher« Kultur.

**Sektion Theorhodon** Spach: Größte der amerikanischen Sektionen. Immergrüne Bäume mit unterschiedlich behaarten Blättern. Stipeln frei vom Blattstiel. 15 Arten in Amerika, außer *M. grandiflora* alle tropisch.
1. *M. grandiflora* L.

**Sektion Gynopodium** Dandy: Immergrüne Bäume und Sträucher mit kleinen, glänzenden Blättern, Nebenblätter frei am Blattstiel. 4 Arten in Ostasien, 1 in Kultur.
2. *M. nitida* W. W. Sm.

**Sektion Gwillimia** DC.: Immergrüne Bäume und Sträucher mit dekorativen Blättern. Nebenblätter mit dem Blattstiel verwachsen. 14 Arten in Südostasien. Einzige, härtere Art ist
3. *M. delavayi* Franch.

**Sektion Magnolia** (früher *Magnoliastrum* DC.): Immergrüne oder laubabwerfende Bäume und Sträucher. Stipeln mit dem Blattstiel verwachsen.
4. *M. virginiana* L.

**Sektion Rytidospermum** Spach: Laubabwerfende Bäume oder große Sträucher. Blätter gedrängt an den Zweigspitzen. Weite Internodien an den Zweigen.
Zu dieser Sektion zählen auch die bei uns nicht winterharten Arten *M. rostrata* aus Ostasien und *M. dealbata* aus Mexiko.
5. *M. macrophylla* Michx. (inkl. ssp. *ashei* [Waterby] Spongb.)
6. *M. fraseri* Walt. (inkl. var. *pyramidata* [Bartr.] Pamp.)
7. *M. tripetala* L.
8. *M. hypoleuca* Sieb. et Zucc.
9. *M. officinalis* Rehd. et Wils.

**Sektion Oyama** Nakai: Kleine, laubabwerfende Bäume oder Sträucher. Blüten nach dem Laubaustrieb, nickend oder hängend, Staminodien rot, Früchte hängend. 3 Arten in Asien.
Hierher gehört auch *M.* × *highdownensis* (*M. wilsonii* × *M. sieboldii* ssp. *sinensis*).
10. *M. globosa* Hook. f. et Thoms. (Hier nicht behandelt.)
11. *M. wilsonii* (Fin. et Gagnep.) Rehd.
12. *M. sieboldii* K. Koch (inkl. ssp. *sinensis*)

**Subgenus Yulania (Spach) Rchb.**

Laubabwerfende Bäume und Sträucher, Blüten vor oder mit dem Laubaustrieb. Tepalen gleichförmig oder der äußere Quirl kleiner und kelchartig. Antheren öffnen sich seitlich oder unten. 3 Sektionen.

**Sektion Yulania** (Spach) Dandy: Laubabwerfende Bäume und Sträucher. Blüten vor den Blättern, meist 9 oder mehr gleichartige Tepalen. Über 7 Arten, alle aus Ostasien, 5 davon in Kultur, manchmal variabel. Ohne Zweifel die edelste Sektion der Magnolien. Blüten groß und prächtig, von weiß bis rosa und karminrot.

Zu dieser Sektion zählen auch die bei uns noch weitgehend unbekannten Arten *M. zenii* und *M. amoena* aus China.

13. *M. campbellii* Hook f. et Thoms. (inkl. var. *mollicomata*)
14. *M. denudata* Desr.
15. *M. sprengeri* Pamp.
16. *M. sargentiana* Rehd. et Wils.
17. *M. dawsoniana* Rehd. et Wils. (nahe verwandt mit *M. sargentiana*).

**Sektion Buergeria** (Sieb. et Zucc.) Dandy: Laubabwerfende Bäume und Sträucher. Blüten vor dem Laub, kleiner als bei Sektion Yulania, weiß bis zart rosa. Der äußere Quirl der Tepalen kelchartig, selten vorzeitig abfallend. 4 Arten in China und Japan. Mit Ausnahme von *M. biondii* Pamp. alle Arten in »westlicher« Kultur.

18. *M. cylindrica* E. H. Wils.
19. *M. salicifolia* (Sieb. et Zucc.) Maxim.
20. *M. kobus* DC. (inkl. var. *kobus* und *borealis* sowie den var. *stellata* (Sieb. et Zucc.) Blackburn und var. *loebneri* (Kache) Spongb.)

**Sektion Tulipastrum** (Spach) Dandy: Laubabwerfende Bäume und Sträucher. Blüten erscheinen zugleich mit den Blättern oder schon vorher, wobei sich die Blätter noch während der Blüte entfalten. Der äußere Quirl der Tepalen sepaloid (kelchförmig), manchmal abfallend. 2 Arten, eine aus Nordamerika, eine aus China und Japan.

21. *M. liliiflora* Desr.
22. *M. acuminata* L. (inkl. var. *subcordata* (Spach) Dandy und f. *aurea* (Ashe) Hardin)

**Hybriden**

23. *M. virginiana* L. ♀ × *M. grandiflora* L. ♂ (Freeman-Hybriden nach dem Züchter O. M. Freeman 1930 und 1931) Sorten 'Freeman' und 'Maryland'. 'Griffin' ist eine Naturhybride der beiden Arten (Fogg und McDaniel 1975).
24. *M.* × *wieseneri* Carr. (syn. *M.* × *watsonii* Hook. f.; *M. hypoleuca* × *M. sieboldii*), Zufallshybride aus einem japanischen Garten.
25. *M.* × *thompsoniana* (Loud.) C. de Vos (*M. virginiana* × *M. tripetala*), Zufallssämling, zuerst beschrieben 1820 von Archibald Thompson in Mile End, London, in dessen Baumschule die erste Pflanze erzogen wurde.
26. *M.* × *veitchii* auct. ex Gard. Chron. III, 69 (*M. denudata* ♀ × *M. campbellii* ♂), erzielt von Veitch in England 1907.
27. *M.* × *soulangiana* Soul.-Bod. (*M. denudata* ♀ × *M. liliiflora* ♂), die ersten Sorten erzielt von Soulange-Bodin in Fromont bei Paris, 1820.

## 2. Genus Manglietia Bl.

25 immergrüne, meist tropische Arten in Ostasien (Osthimalaja über Südchina, Thailand, Indochina bis Malaysia und Java). Von *Magnolia* unterschieden durch 4 bis 6 Samenanlagen in den Karpellen (2 bei Magnolia). Nur wenige Arten interessant für die Kultur.

*M. insignis*, *M. hookeri* und *M. forrestii* wurden durch Forrest 1912 als Samen nach England eingeführt und in Cornwall in Kultur genommen. Alle drei Arten wurden zuerst in Westyunnan gefunden, *M. hookeri* auch in Burma.

### M. insignis

Einzige, etwas winterharte Art, US-Zone 9. Forrest, der 1912 Samen aus Westyunnan einführte, sammelte 1926 in Oberburma eine bessere Form und sandte sie in den

*Michelia doltsopa.* Die Gattung *Michelia* hält nur in den mildesten Lagen den Winter über im Freien aus – hier auf der Insel Madeira. Der kleine, immergrüne Baum bringt duftende, weiße Blüten.

Great Cornish Woodland Garden bei Caerhays Castle. Hier wurde sie bei strengem Frost völlig entlaubt, erholte sich aber wieder gut und war 1972 7,5 bis 9 m hoch (mehrere Pflanzen). Nathaniel Wallich beschrieb diese Art aus Nepal als eher unscheinbaren Baum, aber mit sehr schöner, reicher Blüte. Die Blüten sind klein, rosarot, innen weißlich, verstreut an den Zweigenden im Frühsommer. Große Fruchtkolben. Die Art kommt vor vom Zentralhimalaja ostwärts nach Westchina, Südwestyunnan und Nordkiangsi, auch in Nordvietnam, bis in Höhen von 3500 m. Der Baum erreicht hier Höhen bis 27 m.

# 3. Genus Michelia L.

Benannt nach dem florentinischen Botaniker Pietro Antonio Micheli (1679–1737). Etwa 45 Arten, vorwiegend im tropischen Asien. Beheimatet von Indien und Sri Lanka ostwärts durch Südchina bis Japan, Thailand und Indochina bis Malaysia und Java.

Immergrüne Bäume, Blüten kleiner als bei den meisten Magnolien, aber reicher. Eng verwandt mit *Magnolia*. Unterscheidet sich von *Magnolia* und *Manglietia* durch end- und achselständige, gestielte Blüten.

## M. champaca
Beheimatet in Indien und in den Tropen viel kultiviert. Großer Baum mit stark duftenden, gelben Blüten. 1779 nach England eingeführt, aber nicht winterhart.

## M. compressa
Entdeckt von Wilson 1918 im dichten Wald in Taiwan, kommt aber auch in den Bergen von Japan und auf den Ryukyu-Inseln vor. 1894 nach England eingeführt. *M. compressa* ist die härteste Art, mit kleinen, gelben Blüten, 2,5 cm breit. In ihrer Heimat ein bis 12 m hoher Baum von kompaktem, rundlichem Wuchs. Im Hillier Arboretum in Ampfield, Winchester, steht ein Exemplar im lichten Schatten als aufrechter, einstämmiger, kleiner Baum.

## M. doltsopa
Von Forrest 1918 nach England gebracht. Zu Hause in Indien, Sri Lanka, Südchina bis Japan, Thailand, Malaysia und Java. Weitverbreitet in Nepal und Westyunnan. Schönste der härteren Arten, die in geschützten Lagen Südwestenglands und

*Michelia figo.*

Südirlands als großer, vielstämmiger Strauch 6 m Höhe erreicht. In der Heimat ein kegelförmiger, bis 12 m hoher Baum mit immergrünen, glänzenden, bis 18 cm langen Blättern. Blütenknospen seidig rostfarben, Blüten weiß bis hellgelb, 10 cm breit mit 12 bis 16 Tepalen, duftend, im April mehrere Wochen lang. Früchte in freien Karpellen mit je 1 roten Samen, in lockeren, kettenartig aufgereihten Fruchtständen. Härter als angenommen, für geschützte Lagen in US-Zone 8. Wo *Magnolia grandiflora* gedeiht, wäre auch *M. doltsopa* einen Versuch wert.

**M. figo** (syn. *Magnolia fuscata*)
Zu Hause in Südostchina, 1789 nach England eingeführt. Mehrstämmiger, bis 6 m hoher Strauch mit immergrünen, ledrigen, 10 cm langen Blättern und 4 cm breiten, cremegelben, rot gesäumten, stark duftenden Blüten. In warmen Ländern viel kultiviert, gedeiht gut in warmen Lagen an der Riviera.

# 4. Genus Talauma A. Juss.

40 Arten im tropischen und subtropischen Asien, in Südmexiko bis Brasilien. Immergrüne Bäume. Unterscheiden sich vom *Magnolia,* indem sie ihre Samen aus den Früchten ausschleudern.

### T. hodgsonii
Die einzige nicht tropische Art, entdeckt von Thomas Hooker 1848 in Tälern von Sikkim in 1500 bis 1800 m Höhe, wo sie waldbildend auftritt. Der Baum wird etwa 20 m hoch und trägt große, bis 60 cm lange und über 20 cm breite, rot austreibende Blätter, die an den Zweigenden gehäuft stehen. Die magnolienähnlichen Blüten erblühen nachts und duften stark. Sie sind gelb-rötlich mit grünem Rand, innen weiß, offen bis 15 cm breit. Sie stehen nur an den Zweigenden und sind zwischen den dicht

*Liriodendron tulipifera.* Der nordamerikanische Tulpenbaum wächst auch bei uns über 30 m hoch und ist völlig frosthart. Seine schönen Blüten erscheinen aber erst nach 10 bis 15 Jahren.

*Schisandra rubriflora* ist ein mit den Magnolien verwandter Schlingstrauch, der gut winterhart ist und mit seinen dunkelroten Blüten sehr zierend wirkt. Es gibt auch Arten mit weißen, rosa und orange Blüten. Er liebt wie der Tulpenbaum und die Magnolien feuchten Boden und ist kalkverträglich.

stehenden Blättern versteckt. Der Duft der Blüten fällt mehr auf als diese selbst. Zudem halten die Blüten nur eine Nacht, werden mittags schon braun und fallen in der 2. Nacht bereits ab. *T. hodgsonii* gedeiht z. B. in allen temperierten Gebieten der USA und erträgt leichten Frost bis etwa –3,5 °C. Sie ist bisher nur in Kalifornien eingeführt und auch da nur sehr selten zu sehen. In England hält sie nur unter Glas aus, z. B. im Royal Botanic Garden in Edinburgh.

## 5. Genus Liriodendron L.

Der Tulpenbaum bildet mittelgroße bis sehr große Bäume, meist mit hohem, geradem Stamm, mit abgestutzten, 2- bis 4lappigen Blättern. Er bildet im Gegensatz zu den Magnolien trockene Fruchtzapfen, die bei Reife in einzelne Karpelle zerfallen. 2 Arten, eine aus Ostasien, eine aus Nordamerika.

### L. chinense

Stammt aus China und Vietnam. Wilson führte die Art 1901 nach England ein. Bei späteren Exkursionen 1907 und 1910 fand er *L. chinense* in Kiangsi und Westhupeh in feuchten Wäldern zwischen 1000 und 1450 m Höhe. Er sah bis zu 15 m hohe Bäume – in England werden sie bis 23 m hoch!

Blätter deutlich 4lappig, größer und tiefer gelappt als bei *L. tulipifera*, im Herbst rein gelb. Die großen Nebenblätter umhüllen anfangs die Knospe mit dem neuen Blatt und werden nach dessen Entfaltung abgestoßen. Blüten kleiner als bei *L. tulipifera*, außen grün, innen gelb. Gedeiht in jedem, auch kalkhaltigem Boden, sehr frosthart, US-Zone 6 bis 7.

### L. tulipifera

Beheimatet in den Wäldern des östlichen Nordamerika, eher in geringeren Höhen, in den Appalachen aber bis in 1150 m Höhe. Die höchsten Pflanzen findet man wildwachsend in der südlichen Allegheny Region mit Wuchshöhen bis 58 m. In England wird der Baum bis 30 m hoch. Eingeführt nach England wurde die Art zwischen 1637 und 1654 von John Tradescant. Die Blätter von *L. tulipifera* sind bis 20 cm lang, 2- bis 4lappig, an der Spitze abgestutzt. Herbstfärbung dunkelgelb bis rotbraun. Nebenblätter wie bei voriger Art. Blüten tulpenförmig, 5 cm groß, mit 6 Kronblättern und 3 hellgrünen Kelchblättern, die sich beim Öffnen der Blüten nach außen zurückbiegen. Die Kronblätter sind außen grünlichgelb, innen orangegelb, mit einem deutlichen, orangefarbenen Querband rund um die Blüte. Der Baum blüht in Mitteleuropa Ende Juni bis Juli, aber erst in einem Alter von 10 bis 20 Jahren. Veredelte Pflanzen blühen schon früher. Der Tulpenbaum liebt feuchte, tiefgründige Böden, sauer oder alkalisch, in Sonne oder Halbschatten. Er ist vollkommen frosthart, Zone 5 in den USA.

'Aureomarginatum' wächst aufrecht mit gelb gerandeten Blättern, 'Fastigiatum' zeigt säulenförmigen Wuchs, bis 18 m hoch.

## 6. Genus Schisandra Michx.

Mit den Magnolien verwandte Schlingsträucher mit 24 Arten in Ost- und Südostasien, eine davon in Nordamerika. Wurde früher zu den Magnoliaceae gestellt, heute in der Familie der Schisandraceae. Die zweihäusigen Blüten sind klein, weiß, rot oder orangegelb. Früchte der weiblichen Pflanzen in hängenden Ähren mit erbsengroßen, roten Beeren. Die Blätter sind bis 10 cm lang, oval und lang zugespitzt. Das Spaltkölbchen verlangt feuchten, auch kalkhaltigen Boden und einen geschützten Standort im Halbschatten. Frosthart im Holz, aber sehr frostempfindlich im Austrieb!

Die schönste Art ist *S. rubriflora* mit dunkelroten Blüten, die im Mai erblühen und nach reifen Kirschen duften.

# Magnolien – Arten, Varietäten, Sorten

Die Aufzählung erfolgt in alphabetischer Reihenfolge, ohne Rücksicht auf die Sektionszugehörigkeit. Die Sorten werden den Arten zugeordnet, die Hybridsorten den Hybriden. Eine alphabetische Aufreihung aller hier genannten Arten- und Sortennamen findet sich im Pflanzenverzeichnis am Ende dieses Buches.

## Magnolia acuminata L., Gurkenmagnolie

Die Gurkenmagnolie ist beheimatet von Kanada (Erie- und Ontariosee) südwärts, entlang den Appalachen und Ozark Mountains, Ostlouisiana, Südostoklahoma, Nordflorida, Pennsylvania bis North Carolina. Sie wurde von John Bartram entdeckt, der 1736 Samen zu Peter Collinson nach England sandte, wo die ersten Pflanzen 1762 blühten. Die Erstbeschreibung erfolgte durch Catesby in »Flora Caroliniana« 1741.

Die Art wird in ihrer Heimat ein bis 30 m hoher Baum, in Europa bis 15 m hoch. Sie wächst stark, bei einem jährlichen Zuwachs von 45 bis 75 cm, anfangs kugelförmig bis kegelförmig mit einem geraden Stamm. Die Rinde ist zuerst dunkelbraun, später grau und glatt. Die elliptischen Blätter sind 10 bis 30 cm lang, zugespitzt (daher der Name »acuminata«), oben dunkelgrün, unterseits heller und weich behaart, im Herbst goldgelb.

Die Blüten sind unscheinbar gelblichgrün bis bläulichgrün, 5 cm breit, mit 6 bis 8 cm langen Tepalen, von denen die 3 äußeren viel kürzer sind, kelchartig und zurückgeschlagen. Die Blüten erscheinen an den Zweigspitzen nach der Blattentfaltung im Juni und entgehen dadurch den Spätfrösten – ein wichtiger Grund für die Verwendung der Art als Kreuzungspartner! Die Fruchtzapfen werden 5 bis 8 cm lang, sind bei der Reife rot gefärbt und walzenförmig gebogen, daher die Bezeichnung »Gurkenmagnolie«.

*M. acuminata* gedeiht in jedem Boden, verträgt auch Kalk, aber keine Trockenheit! Sie verlangt einen tiefgründigen, feuchten Standort. Die Art ist absolut frosthart, wahrscheinlich die frosthärteste Magnolie überhaupt. Sie verträgt nachweislich Winterfröste von −35 °C, vielleicht auch noch mehr. US-Zone 4. Das Holz der Gurkenmagnolie ist feinkörnig und hell gelbbraun, leicht und dauerhaft. Es wurde von den Indianern für Kanus und Holzgefäße verwendet und wird jetzt noch gebraucht für Fußböden und Möbel.

**Varietäten**: In Tennessee, Georgia und Alabama wurde eine gelbblühende Form, *M. acuminata* var. *aurea* gefunden, die Grundlage für die späteren, gelbblühenden Hybriden. Ebenso fand Frank Galyon in den Smoky Mountains in Tennessee eine gelb-

*M. acuminata.*

*Magnolia acuminata.* Die Gurkenmagnolie hat selbst unscheinbare Blüten, sie wurde aber in letzter Zeit wegen Ihrer absoluten Winterhärte und Kalkverträglichkeit viel für Kreuzungen verwendet. 'Elizabeth' entstammt einer Verbindung von *M. acuminata* mit *M. denudata*. Der robuste Baum erfreut durch gut geformte, gelblichweiße Blüten.

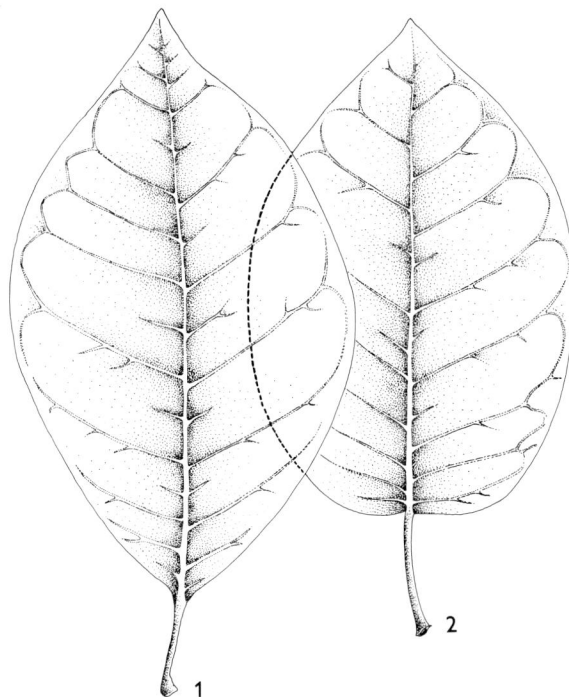

Blattformen: 1 *M.* × *brooklynensis* 'Yellow Bird'; 2 *M. acuminata* 'Koban Dori'.

blühende Form, die 'Golden Glow' genannt wurde, mit größeren Blüten, die auch aus seitlichen Blattachseln entspringen, sie blüht daher viel reicher.

## Hybriden

Hybriden von *M. acuminata* var. *aurea* und 'Golden Glow' mit der nahe verwandten var. *subcordata (M. cordata)* 'Miss Honeybee', erzielt von Kehr in Hendersonville, North Carolina, ergaben wundervolle, schön gelb und reich blühende Sorten. Von 1954 an wurden im Botanischen Garten Brooklyn in New York verschiedene Kreuzungen von *M. acuminata* mit *M. denudata* und *M. liliiflora* durchgeführt, die ab 1968 registriert wurden und in den Handel kamen. Hierbei gelten alle Hybriden mit *M.* *denudata* als *M.*-Acuminata-Hybriden, während die Hybriden mit *M. liliiflora* nun als *M.* × *brooklynensis* Kalmbacher geführt werden. Alle Hybriden sind völlig frosthart!

## M.-Acuminata-Hybriden

'Elizabeth', erzielt von Sperber 1972 aus *M. acuminata* var. *aurea* ♀ × *M. denudata* ♂. Wuchs kegelförmig, buschig, aufrecht. Die Blüten erscheinen vor den Blättern, die sich während der Hauptblüte entfalten. Blüten rein hellgelb, eher gelblichweiß, anfänglich grün überhaucht, mit 6 bis 9 Tepalen von 10 cm Länge. Offene Blüten bis 18 cm breit. US-Zone 5 (bis –29°C).
'Butterflies', Hybride wie 'Elizabeth' von Savage. Einstämmiger, kegelförmiger

'Yellow Bird' wird unter *M. × brooklynensis* geführt. Sie ist eine der schönsten, gelbblühenden *M.*-Acuminata-Hybriden aus den USA.

Baum mit dunkelgrünen Blättern und mittelgroßen, tiefgelben Blüten mit 10 bis 16 Tepalen und roten Filamenten vor dem Blattaustrieb. Vielleicht die schönste gelbe Magnolie bisher. US-Zone 5 (bis −29°C).

'Goldfinch', eine Hybride aus *M. acuminata* var. *subcordata* 'Miss Honeybee' × *M. denudata* 'Sawada's Cream' von Savage (registriert 1989). Der hohe, aufrechte Baum bringt hellgelbe Blüten vor dem Blattaustrieb. Schon kleine Pflanzen blühen.

'Sundance', gezüchtet 1976 von McDaniel. Blüten cremegelb, sehr groß, schmal, geöffnet bis 20 cm breit. Registriert 1985.

'Yellow Fever', großer, raschwüchsiger Baum, Blüte beginnt vor dem Blattaustrieb, hellgelb, außen mit einem rosa Hauch.

'Yellow Lantern', erzielt von Savage aus einer Kreuzung von *M. acuminata* var. *subcordata* 'Miss Honeybee' × *M. × soulangiana* 'Alexandrina'. Wuchs schmal aufrecht. Die Blüte beginnt schon vor dem Laubaustrieb, Blüten hell zitronengelb, so groß wie bei 'Alexandrina'.

### M. × brooklynensis

'Evamaria', die erste Hybride aus *M. acuminata* ♀ × *M. liliiflora* ♂, 1954 von Evamaria Sperber erzielt und nach ihr benannt. Bildet einen mehrstämmigen Baum, in 10 Jahren 4,5 m hoch. Die Blüten haben 6 breite Tepalen und öffnen sich 10 cm weit, außen gelborange und magentarot, auch mit grünlichem Anflug, innen hellrosa. Blüht 4 Wochen lang ab Mitte Mai.

'Daybreak', Hybride von Kehr aus *M. × brooklynensis* 'Woodsman' ♀ × *M.*-Gresham-Hybride 'Tina Durio' ♂, mit stark duftenden, rosa Blüten. US-Zone 6 (bis −23 °C).

'Flamingo', Züchtung von Savage aus *M. acuminata* 'Fertile Myrtle' ♀ × *M. sprengeri* 'Diva' ♂. Kegelförmiger Baum mit dichter Belaubung. Blüten tulpenförmig, rein flamingorosa, vor dem Blattaustrieb. US-Zone 4 (bis −34°C).

'Gold Crown', Hybride von Kehr 1984, aus 'Woodsman' ♀ × 'Sundance' ♂. Blüte tief gelb, dunkler als bei 'Elizabeth' oder 'Sundance', mit 8 bis 9 Tepalen, offen 20 cm breit. Der Baum blüht mit 7 Jahren. US-Zone 5 (bis −29°C).

'Golden Girl', Hybride von Kehr (registriert 1990), aus 'Evamaria' ♀ × *M. × brooklynensis*-Sämling ♂. Wuchs aufrecht, Blüte hellgelb mit einer Spur von Rotviolett, im Juni. Pflanzen blühen schon mit 6 Jahren. US-Zone 6 (bis −23°C).

'Hattie Carthan', Hybride analog 'Golden Girl' von Doris Stone. Wuchs kegelförmig aufrecht, blüht nach 'Elizabeth', zugleich mit dem Austrieb, hellgelb mit rotvioletten Streifen von der Basis her, anfangs außen grün überhaucht. Blüten vasenförmig. US-Zone 5 (bis −29°C).

'Woodsman', Hybride analog 'Golden Girl' mit glänzend grünen Blättern. Blüten tiefer gelb als bei 'Evamaria', rosa und weinrot schattiert. Frosthart.

'Yellow Bird', Hybride von Doris Stone aus 'Evamaria' ♀ × *M. acuminata* var. *subcordata* ♂ 1967. Wächst stark und schmal mit aufrechten Zweigen. Die Blüten erscheinen mit den Blättern, viele Wochen hindurch, sind groß und rein gelb, außen anfangs mit einem grünen Hauch. Blüht 1 bis 2 Wochen nach 'Elizabeth'. Laut Smithers die derzeit beste gelbe Sorte! US-Zone 5 (bis –29°C).

## Blaue Sorten

In naher Zukunft dürfte es auch blau blühende Magnolien geben. *M. acuminata* ist ja in ihrer Blütenfarbe sehr variabel, sie schwankt von grün über gelbgrün zu blaugrün, wobei auch die Größe der Blüten sehr unterschiedlich sein kann. So sind einige mehr oder weniger blaugrün blühende Varietäten bereits bekannt.

Die beste »blaue« Acuminata steht derzeit im Hillier-Arboretum Car Park bei Winchester in England und hat den Namen 'Philo'. Nach Auskunft von Jim Gardiner, Kurator des Royal Horticultural Society's Garden Wisley wurde 'Philo' von Prof. Joe McDaniel aus Sämlingen eines *M. acuminata*-Baumes in Philo, Illinois, selektiert und 1964 registriert. Der Baum in Winchester ist jetzt über 3 m hoch und hat ziemlich große, tulpenförmige, grünlich-blaue Blüten, die nach dem Laubaustrieb erscheinen.

Die Baumschule Otto Eisenhut im Tessin bietet ebenfalls »blaue« Magnoliensorten an, so eine japanische Selektion von Nakamura mit dem Namen 'Seiju' – 'Blue Eternity' mit blaugrünen Blüten.

Eisenhut vermehrt auch eine Sorte aus dem Botanischen Garten Karlsruhe – der Mutterbaum ist bereits über 100 Jahre alt. Seine Blüten sind klein, schmal und grünlich-stahlbau und erscheinen nach dem Laubaustrieb.

*Magnolia acuminata* var. *subcordata* ist ein mittelgroßer, kompakt wachsender Baum mit kleinen, hellgelben Blüten.

'Koban Dori' ist eine gelbblühende Sorte der *M. acuminata*-Gruppe aus Japan. Sie scheint schwachwüchsig zu sein und blüht schon als junge Pflanze. Es scheint sich dabei um eine Subcordata-Selektion oder -Hybride zu handeln.

## M. acuminata var. subcordata

Diesen Namen bekam die Art von Dandy 1964, nachdem sie ursprünglich von ihrem Entdecker André Michaux 1803 als *M. cordata*, später von Charles Sprague Sargent

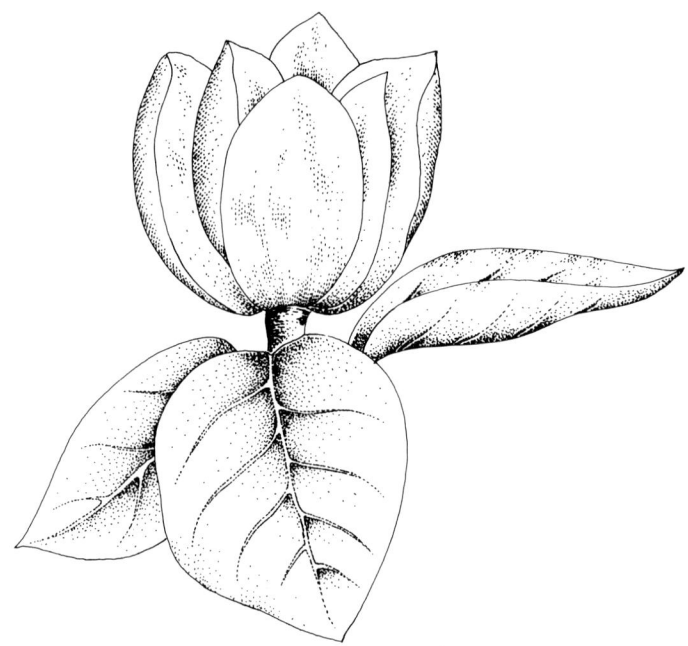

*M. acuminata* var. *subcordata.*

(1891) als *M. acuminata* var. *cordata* bezeichnet wurde.

Beheimatet ist diese Varietät in Südgeorgia, Alabama, North und South Carolina bis Florida. Michaux entdeckte sie zwischen 1787 und 1796 in Georgia nahe Augusta und brachte sie 1803 auch nach Frankreich. Durch die Schotten John Fraser und John Lyon kam die Varietät schon 1801 nach England.

Der Wuchs von *M. acuminata* var. *subcordata* ist sehr variabel. Meist entwickelt sie langsamwüchsige, breite Büsche, es gibt aber auch aufrechte Bäume von 12 bis 15 m Höhe. Von *M. acuminata* unterscheidet sie sich durch flaumhaarige Jungtriebe und kleinere, breitere, manchmal herzförmige, weniger gespitzte Blätter, bis 15 cm lang und 10 cm breit, mit flaumhaariger Unterseite. Die hellgelben Blüten sind tulpenförmig, bis 12 cm im Durchmesser, und erscheinen an beblätterten Zweigen im Mai bis Juni. Sie sind viel schöner und auffälliger als jene von *M. acuminata.*

1974 registrierte der Baumschuler James Merrill in Painesville, Ohio, die Sorte 'Miss Honeybee', mit größeren und stärker gelb gefärbten Blüten. Eine andere Sorte, 'Skylands Best', hat ebenfalls schön gelb gefärbte Blüten in der Größe der *M. denudata*-Blüten, blüht aber 6 Wochen später als diese und entgeht damit den Spätfrösten.

Alle *M. acuminata* var. *subcordata*-Sorten wollen feuchten Boden und sind kalkverträglich, aber weniger frosthart als *M. acuminata.* In USA hart bis Zone 7 (bis −18°C).

Hierher dürfte auch die japanische Sorte 'Koban Dori' gehören, die der Züchter Nakamura herausbrachte. Ihre Blüten sind rein hellgelb und mittelgroß, die Blätter sind hellgrün und viel kleiner als bei anderen *M.*-Acuminata-Hybriden. Leider konnte ich trotz vieler Bemühungen aus Japan nichts über diese Sorte erfahren, würde sie aber in die Subcordata-Gruppe stellen. Die Sorten 'Goldfinch' und 'Yellow Lantern' sind bei den *M.*-Acuminata-Hybriden beschrieben.

# Magnolia biondii Pamp.

Diese, noch kaum bekannte Art wurde entdeckt von dem italienischen Missionar und Botaniker P. C. Silvestri vor 1906 in Hupeh, Zentralchina, in einer Höhe von 900 m. Sie wurde von Wilson 1908 ins Arnold Arboretum gebracht.

*M. biondii* ist ein seltener, schlanker Baum mit ausgebreiteten Ästen, der bei raschem Wuchs 12 m oder höher wird. Seine Rinde ist glatt und hellgrau. Die Blätter sind lanzettförmig, bis 18 cm lang und 7 cm breit, größer als jene von *M. salicifolia* und oberseits glänzend. Die Blütenknospen sind größer als bei *M. kobus*, die weißen Blüten sind sehr ähnlich jenen von *M. salicifolia*. Sie erscheinen vor den Blättern im März bis April und haben 9 Tepalen, wovon die äußeren 3 kleineren einen falschen Kelch bilden. Die Tepalen zeigen einen nach oben hin verlaufenden, rosaroten Mittelstreifen und öffnen sich 6 bis 8 cm weit.

Das Holz dieser Art wird in ihrer Heimat für Furniere und Bauzwecke verwendet, die Blüten werden als Ersatz für jene von *M. liliiflora* medizinisch genützt. Extrakte daraus ergeben schmerzstillende Mittel. *M. biondii* liebt sonnige Lage auf feuchtem, eher saurem Boden und ist frosthart bis –25°C.

# Magnolia campbellii
# Hook. f. et Thoms.

Die Heimat dieser Art ist das Himalaja-Gebiet in Ostnepal, Sikkim und Bhutan bis Assam in Höhenlagen zwischen 2400 und 3000 m. Ihr Entdecker Hooker nannte sie 1855 nach Archibald Campbell, Gouverneur von Darjeeling in Indien.

*M. campbellii* ist zweifellos die wundervollste aller Magnolien, aber leider für mitteleuropäisches Klima nicht geeignet, weil sie kaum Temperaturen unter –12 °C aushält, obwohl sie in den USA in Zone 7 (bis

*M. campbellii.*

–18 °C) eingereiht wird. Auch ihre frühe Blüte im März würde bei uns regelmäßig den Spätfrösten zum Opfer fallen. Da *M. campbellii* jedoch für viele Kreuzungen verwendet wurde und diese Hybriden, besonders in der zweiten Generation (wie die Gresham-Hybriden) auch für Mitteleuropa hart genug sind, sei diese Art hier ebenfalls beschrieben.

*M. campbellii* wächst stark, anfangs kegelig, später breit ausladend, und bildet einen einstämmigen Baum von über 20 m Höhe. Zuwächse von 1 m pro Jahr sind bei jungen Pflanzen die Regel. Die Blühfähigkeit setzt erst mit etwa 30 Jahren ein, bei veredelten Bäumen schon nach 10 bis 15 Jahren. Die elliptischen Blätter werden bis 25 cm lang und 12 cm breit und sind unterseits mit feinen Haaren bedeckt. Die Blütenknospen sind von pelzigen Hüllschuppen umschlossen.

Die Blüten von *M. campbellii* sind rein rosa bis rosarot, bei der var. *alba* rein weiß und schwach duftend. Sie haben 12 bis 16 Tepalen, werden geöffnet bis 25 cm breit und zeigen die typische »Tasse-Untertasse«-Form, indem die äußeren Tepalen ganz aufgehen, während die 4 inneren aufrecht und breit tulpenartig geschlossen bleiben. Bei sehr warmem Wetter können sie aber auch aufgehen.

'Darjeeling', eine indische Sorte, blüht weinrot, 'Betty Jessel', ein Sämling dieser

*Magnolia campbellii* zählt zu den wundervollsten Magnolienarten, kommt aber leider nur für sehr milde Gebiete in Frage. 'Princess Margaret' ist eine bezaubernde Hybride von *M. campbellii* mit *M. sargentiana* 'Robusta'. Auch sie eignet sich leider nur für sehr milde Lagen. Hier bei Dr. van Veen in Vira.

Sorte blüht ebenfalls schön rot, aber später. Er bekam das »First Class Certificate« der RHS (Royal Horticultural Society) 1975.

## Hybriden von M. campbellii

Mit *M. campbellii* wurden wunderschöne Hybriden erzielt, die jedoch leider in unserem Klima problematisch sind. 'Princess Margaret' ist ein rein rosa Blütentraum.

'Michael Rosse' blüht ähnlich schön, beides Hybriden aus *M. campbellii* var. *alba* × *M. sargentiana* var. *robusta*.

'Star Wars' bringt spektakuläre, große, rosa Blüten, eine Hybride von *M. campbellii* mit *M. liliiflora* 'Nigra' von Os Blumhardt aus Neuseeland, die schon 3 Jahre nach der Pflanzung blüht. Sie ist weniger hart als 'Galaxy' (siehe Seite 80).

*M. × veitchii* bietet uns wundervolle Hybriden, sie entstanden aus *M. campbellii* × *M. denudata* (siehe Seite 84).

### M. campbellii ssp. mollicomata
(W. W. Sm.) Johnst.

Diese östliche Unterart von *M. campbellii* stammt aus Südosttibet, Nordburma und Westyunnan. Sie wurde 1904 im Mekong-Gebiet in Nordburma in einer Höhe von 3000 m von Forrest entdeckt. Der Baum verzweigt sich schon in jungen Jahren, wird nicht so hoch wie *M. campbellii* und blüht auch schon mit 10 bis 14 Jahren. Die Blüten zeigen deutlich die »Tasse-Untertasse«-Form und sind rosa bis lilarosa gefärbt, nicht so schön rein rosarot wie die Art. Die Blüte erscheint erst im April bis Mai, ein Vorteil bei Spätfrösten. Im Gegensatz zu *M. campbellii*, die selten fruchtet, bringt die ssp. *mollicomata* im Herbst reichlich große, glänzend rote Fruchtzapfen.

'Peter Borlease', ein Sämling dieser Unterart, bringt tiefrosa Blüten mit breitem, hellem Band im Zentrum der Tepalen.

### Hybriden von M. campbellii ssp. mollicomata

Charles Raffill erzielte 1946 im Royal Botanic Garden in Kew wunderschöne Hybri-

'Star Wars' ist eine Hybride von *M. campbellii* aus Neuseeland und nur für milde Lagen zu empfehlen. Ihrer herrlichen Blüten wegen sollte man sie aber an einem geschützten Platz im Weinbaugebiet versuchen! Hier bei Eisenhut.

den durch Kreuzung von *M. campbellii* mit ihrer ssp. *mollicomata*.

'Charles Raffill' mit herrlichen, leuchtend rosaroten Blüten. Die Sorte erhielt den »Award of Merit« der RHS 1963 sowie das »First Class Certificate« 1966.

'Kew's Surprise' mit sehr großen, außen rosaroten, innen weißen Blüten.

'Sidbury' blüht tief rosarot, eine wundervolle Sorte.

'Eric Walther' ist die beste der amerikanischen Hybriden aus den gleichen Eltern mit reicher, rosaroter Blüte.

'Caerhays Surprise' entstand aus einer Kreuzung von ssp. *mollicomata* ♀ mit *M. liliflora* 'Nigra' ♂, die der Gärtner Philipp Tregunna 1959 in Caerhays Castle erzielte. Die Blüten haben 9 bis 12 schmale, hell lilarosa Tepalen mit einem Blütendurchmesser von 20 cm.

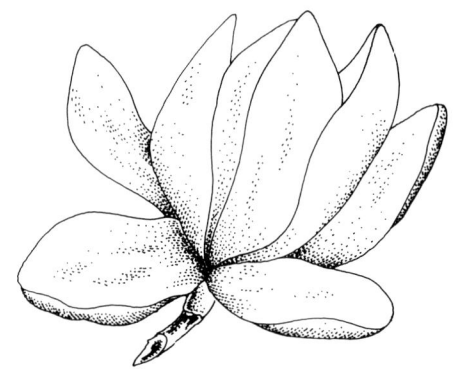

*M. campbellii* var. *mollicomata* 'Lanarth'.

### M. campbellii ssp. mollicomata 'Lanarth'

Diese Form fand Forrest 1924 in Nordwest-Yunnan in 3000 m Höhe. Nur 3 Sämlinge konnten aufgezogen werden. 'Lanarth' hat größere und dickere Blütenknospen als *M. campbellii* und zeigt eine wunderschöne, rosarote Blütenfarbe. Der Baum wächst kegel- bis fast säulenförmig und wird nur mittelgroß.

'Werrington' ist eine neue Sorte aus dem Werrington-Garden (Cornwall) mit einer völlig neuen, überraschenden Blütenfarbe. Die riesigen Blüten leuchten in einem violett getönten Karminrot. Die Sorte blüht schon als junge Pflanze.

# Magnolia cylindrica
## Rehd. et Wils.

Stammt aus den Provinzen Südanhwei bis Nordfukien in Ostchina und wurde 1925 von Ren-Chang Ching am Wang Shan in 1280 m Höhe entdeckt. Sie wurde 1927 von Wilson benannt.

Von *M. cylindrica* sind 2 Formen in Kultur: eine schwachwüchsige, breit wachsende Form, die in 20 Jahren bis 5 m hoch wird und eine mehr aufrecht wachsende, bis 9 m hohe Form. Die Blätter variieren in der Größe bis 15 cm Länge und 7,5 cm Breite. Sie sind oben dunkelgrün und riechen beim Welken nach Anis.

Die Blüten sind kerzenförmig, 10 cm lang, mit 9 reinweißen, an der Basis hellrosa getönten Tepalen, wovon die 3 äußeren klein und kelchartig ausgebildet sind. Die Blüte erscheint schon im April, ist jedoch äußerst frosthart. Von einem Baum in Chyverton, Devon, wird berichtet, daß die aufbrechenden Blüten –12 °C ohne Schaden überstanden haben. Die hellroten, 10 cm langen, zylindrischen Fruchtzapfen reifen

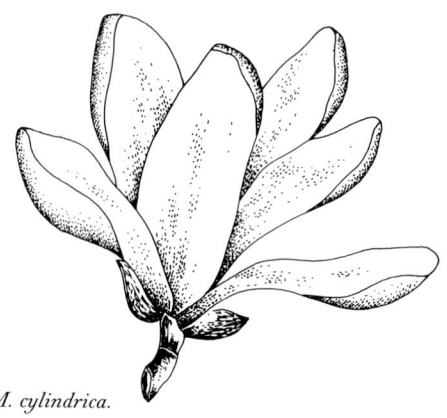

*M. cylindrica.*

im September und Oktober und gaben der Art ihren Namen.

*M. cylindrica* verlangt feuchten, sauren Boden in halbschattiger Lage. Verträgt bei ausreichender Feuchtigkeit wohl auch etwas Kalk. Der Baum ist völlig frosthart, verträgt bis –30 °C in Nordamerika, US-Zone 4 (bis –34 °C).

'Albatross' entstand 1970 in Trewithen Garden in Cornwall aus einer Kreuzung von *M. cylindrica* × *M. × veitchii* 'Peter Veitch' und blühte als Sämling mit 10 Jahren. Bringt im April reinweiße Riesenblüten, die 20 bis 30 cm Durchmesser haben können. Der Baum wächst stark und aufrecht.

'Fireglow' entstand 1985 aus einer Kreuzung von *M. cylindrica* × *M. denudata* 'Sawada's Pink' von Savage. Aufrechter Baum mit dicken, ledrigen Blättern und weißen Blüten mit 6 Tepalen. Im unteren Teil sind die Blüten rot getönt und haben rote Streifen entlang der Mittelrippen. Registriert 1985.

# Magnolia dawsoniana
Rehd. et Wils.

Diese Art wurde 1908 von Wilson auf seiner 3. Expedition nach China entdeckt, und zwar in Westsechuan in 2000 bis 2300 m Höhe. Er sandte Früchte zum Arnold Arboretum nach Massachusetts. Sargent, der damalige Direktor dieses Arboretums, sandte einige Pflanzen nach Frankreich zur Baumschule Leon Chenault in Orleans. Von hier gelangten Pflanzen nach Kew-Garden und in andere englische Gärten. Die erste *M. dawsoniana* blühte 1932 in Rowallane in Nordirland.

*M. dawsoniana* wächst zu einem breit kegelförmigen, bis 9 m hohen Baum mit dichtem dünnem Geäst heran. Jahreszuwachs 30 bis 60 cm. Die Blätter sind dunkelgrün, ledrig, oval, bis 15 cm lang und 7,5 cm breit, mit auffallend netzförmiger Aderung.

Die hellrosa, schwach duftenden Blüten erscheinen vor dem Laub im April bis Anfang Mai an den Zweigenden. Sie sind mit ihren 9 bis 11 waagrecht aufblühenden Tepalen sehr schön, obwohl sie durch ihr Gewicht an den dünnen Zweigen wirr herabhängen. Am schönsten wirkt der Baum bei Beginn der Büte. Die Blüten sind jenen von *M. sargentiana* sehr ähnlich. Veredelte Bäume blühen nach etwa 10 Jahren und erreichen schon 2 Jahre später ihre volle Blüte.

*M. dawsoniana* verlangt feuchten Boden im sauren Milieu, ist aber auch etwas kalktolerant. Freier Stand in voller Sonne ist Voraussetzung für eine optimale Entwicklung. Die Art ist hart bis in US-Zone 7, hält also nur bis höchstens –18 °C aus.

'Ruby Rose', ein Sämling von *M. dawsoniana* mit großen, rosaroten Blüten mit 12 Tepalen und einem Durchmesser bis 25 cm.

'Chyverton', vermutlich eine Hybride von *M. dawsoniana* mit *M. sprengeri* 'Diva' blühte 1967 erstmalig im Chyverton-Garden in Cornwall in einem Alter von 23 Jahren. Die Blüten haben 11 oder mehr Tepalen, sind hellrot, bei kaltem Wetter mehr dunkelrot. Sie sind ziemlich frosttolerant und blühen insgesamt über 6 Wochen lang. Der Baum scheint frosthärter zu sein als die Art.

# Magnolia denudata Desr.
Lilienmagnolie

Die in China auch Yu-lan oder Jade-Orchidee genannte Art stammt aus den Zentralchinesischen Provinzen Anhwei, Chekiang, Kiangsu und Hunan, wo man sie in feuchten Wäldern heute noch wildwachsend findet. Der Pflanzensammler Wilson fand die Art in Kiangsu in Dickichten in einer Höhe von 1200 m.

Buddhistische Mönche kultivierten diese Art seit Jahrhunderten in Tempelgärten. Früheste Berichte gehen zurück zur Tang-

**Seite 42**

Oben links: 'Charles Raffill' entstammt der ssp. *mollicomata* und zeigt die für *M. campbellii* typische »Tasse-Untertasse«-Form ihrer riesigen Blüten.

Oben rechts: 'Werrington' ist ein Sämling der ssp. *mollicomata* 'Lanarth' aus Werrington in England. Ihrer einmaligen Blütenfarbe wegen sei sie hier abgebildet, obwohl sie auch nur in den mildesten Gebieten Mitteleuropas aushält. Diese Pflanze steht im Garten Dr. van Veen in Vira im Tessin.

Unten links: *Magnolia cylindrica* ist äußerst frosthart.

**Seite 43**

Oben links: *Magnolia dawsoniana*. Diese herrlich blühende Art ist leider nur für milde Lagen geeignet. Hier die Sorte 'Clark's Var.' im Garten Eisenhut.

Oben rechts: Blüten von *Magnolia denudata* (Nahaufnahme des auf Seite 10 abgebildeten Exemplares).

Unten rechts: 'Forrest Pink' ist ein rosa blühender Sämling von *M. denudata*. Diese Pflanze steht im Schaugarten Eisenhut.

Dynastie (618–906), die Blüten waren ein Symbol für Offenheit und Reinheit. Mit Mönchen gelangte *M. denudata* schon sehr früh nach Japan. Banks führte sie 1780 nach England ein.

In Kultur bildet *M. denudata* oft einen mehrstämmigen Strauch oder einen kleinen Baum mit ausgebreiteten Ästen. Über 100jährige Bäume sind nicht höher als 9 m und ebenso breit. Die obovaten Blätter sind unterseits fein behaart, werden bis 15 cm lang und 7,5 cm breit. Der Baum blüht bereits mit 3–4 Jahren, im März bis April.

Die nach Zitronen duftenden Blüten sind aufrecht, kelchförmig und haben 9 reinweiße, bis 15 cm lange Tepalen. Sie sind nicht frosthart und werden bei Spätfrösten sofort braun.

*M. denudata* verlangt ständig feuchten, eher sauren Boden. In China vertragen die Bäume auch Kalk, wenn der Boden über Sommer nicht austrocknet. Lagen in voller Sonne oder Halbschatten sagen ihnen zu. Die Art ist sehr frosthart, in USA Zone 5 (bis −29 °C).

In China wurden die Blüten gegessen. Ein Rezept lautet: In Mehl tauchen und in Öl herausbacken. Soll sehr knusprig und süß schmecken. Die Rinde, in China Wu-Pi genannt, wurde bei Erkältungen sowie als Tonikum und Stimulans verwendet.

*M. denudata* ist die Mutterpflanze der altbekannten *M.*-Soulangiana-Hybriden sowie anderer Kreuzungen, wie die gelbblühende 'Elizabeth' aus Brooklyn oder 'Purple Eye' aus Caerhays Castle in Cornwall. 'Purple Eye' ist ein Sämling mit 9 sehr breiten, rosa überhauchten Tepalen, der 1 Woche später blüht als der Typ. Einige Fachleute betrachten diese Sorte als eine Hybride von *M. denudata* × *M.* × *soulangiana.*

'Forrest Pink' wurde von Forrest 1925 ebenfalls in Caerhays Castle aus Samen gezogen. Die Sorte hat rosa Blüten mit 9 bis 11 Tepalen und wächst mehr baumförmig.

'Pristine' ist eine Hybride von *M. denudata* × *M. stellata* 'Waterlily' von McDaniel 1979. Wuchs ähnlich *M. denudata*, mit reinweißen, aufrecht stehenden Blüten, deren Tepalenzahl zwischen jenen der Eltern schwankt. Interessant ist die große Frosthärte der Sorte, angeblich bis −26 °C.

# Magnolia fraseri Walt.

Beheimatet im Südosten der USA, in den südlichen Appalachen, Georgia, Alabama, Louisiana, Westvirginia, Texas, South-Carolina, Nordwestflorida. Sie gedeiht dort in Flußtälern bis in Höhen von 1350 m.

William Bartram entdeckte die Art 1776 in South Carolina und nannte sie *M. auriculata* nach ihren ohrförmigen Lappen an der Blattbasis. Sie wurde dann nach dem Schotten John Fraser benannt, der Sammelreisen nach Nordamerika unternahm und die Art 1786 nach England brachte.

*M. fraseri* ist ein schnellwüchsiger, oft mehrstämmiger, bis 10 m hoher Baum (etwa 9 m hoch in 20 Jahren) mit einem jährlichen Zuwachs von 30 bis 60 cm. Die obovaten, hellgrünen Blätter stehen gehäuft am Ende der Zweige, werden bis 30 cm lang und 12,5 cm breit, mit deutlichen, ohrförmigen Lappen an der Blattbasis (»Fischschwanzmagnolie«). Die jungen Triebe sind violettrot gefärbt, die Blätter werden im Herbst rötlichbraun.

Die Blüten erscheinen nach dem Laubaustrieb Ende Mai bis Juni, sind milchweiß bis hellgelb, bei kühlem Wetter stärker gelb, mit 8 bis 9 Tepalen und 3 kleinen, bald abfallenden »Kelchblättern«. Die Blüten duften zart und erreichen einen Durchmesser von 15 bis 20 cm. An guten, sonnigen Standorten sollen die Pflanzen schon mit 5 bis 6 Jahren blühen. Die Fruchtzapfen sind bis 12 cm lang und auffallend rosarot gefärbt. Die Samen keimen leicht, deshalb wird *M. fraseri* oft als Veredlungsunterlage verwendet.

Der Baum gedeiht gut in voller Sonne oder im Halbschatten, auf gutem, dauernd feuchtem, saurem Boden. Er ist in solchen Lagen auch etwas kalkverträglich. Ganz frosthart, US-Zone 5 (bis −29 °C).

## Magnolia fraseri var. pyramidata
Spongb. (syn. *M. pyramidata* Bartr.)

Dieser äußerst seltene Baum kommt vor in Südwestgeorgia, Florida, Südalabama und Südostmississippi. Entdeckt wurde diese Varietät von Bartram an den Küsten von Georgia, den Altamaha-Banks, der sie 1806 nach England einführte. Er betrachtete *M. pyramidata* als eigene Art, Spongberg stellte sie dann zu *M. fraseri.*

*M. fraseri* var. *pyramidata* ist ein bis 10 m hoher, schlank kegelförmiger, laubabwerfender Baum. Seine obovaten Blätter sind glatt, kurz zugespitzt, bis 20 cm lang und 10 cm breit, unterseits filzig. Sie sind dünner als jene von *M. fraseri*. Der Baum blüht schon als junger Sämling im Mai bis Juni nach der Laubentfaltung. Die Blüten erscheinen einige Tage vor jenen der Art, sind kleiner, duftend, cremeweiß, mit 9 schmalen, zurückgekrümmten Tepalen und 3 falschen Kelchblättern. Die Früchte sind klein und dunkelrot gefärbt.

*M. fraseri* var. *pyramidata* ist neben *M. macrophylla* var. *ashei* die zweitseltenste

Magnolienart in den USA. Sie soll weniger frosthart sein als *M. fraseri*.

# Freeman-Hybriden

Hybriden aus den Arten *M. virginiana* ♀ × *M. grandiflora* ♂, die Oliver M. Freeman 1930 im US National Arboretum in Washington (D. C.) erzielte. 1961 wurden 2 gut frostharte Sorten ausgelesen.

'Freeman' wächst zu einem schmal säulenförmigen, großen Strauch heran. Gardiner nennt diese Sorte die »*M. grandiflora* für den kleinen Garten«. Die Blätter sind glänzend dunkelgrün, ähnlich jenen von *M. grandiflora*. Die cremeweißen, sommerlichen Blüten öffnen sich in England nicht weit.

'Maryland' wächst meist mehrstämmig, breit strauchig. Die immergrünen Blätter ähneln jenen von *M. grandiflora*, bis 22 cm lang und 9 cm breit, mit gewellten Rändern. Die nach Zitronen duftenden Blüten sind größer als jene von 'Freeman' und öffnen sich in England im Juli und August.

Beide Sorten lieben warme, sonnige Lagen bei feuchtem Boden, US-Zone 7 (bis −18 °C).

'Griffin' ist eine natürliche Hybride, die McDaniel im City Park in Griffin, Georgia, fand. Sie hat schmale, dicke, zugespitzte, glänzende Blätter und große, weiße Blüten mit 12 Tepalen im Sommer. Die Fruchtkolben sind rot.

Alle Freeman-Hybriden sind immergrün und in ihrer Frosthärte etwa wie *M. grandiflora* einzustufen. Erfahrungen auf dem Kontinent fehlen leider noch.

# Magnolia grandiflora L.

Stattlicher, immergrüner Baum aus den Küstenebenen der südöstlichen USA, von North Carolina südlich nach Zentralflorida und westlich nach Osttexas und Arkansas, sowie an den Steilufern des unteren Missis-

*M. grandiflora.*

sippi und am Rande von Sümpfen und Teichen. Wurde schon vor 1732 nach England und Kontinentaleuropa eingeführt und seitdem viel angepflanzt, vor allem als Straßenalleebaum und an Strandpromenaden.

Der Baum bildet eine kegelförmige, dichte Krone aus und erreicht in der Natur bis 27 m Höhe, im Südosten Englands etwa 12 m. Sämlingsbäume beginnen erst mit etwa 20 Jahren zu blühen, Veredlungen schon viel früher, ab 5 Jahren. Die ledrigen Blätter werden bis 25 cm lang und 12 cm breit, laufen an beiden Enden spitz zu, sind oberseits glänzend dunkelgrün und oft rostbraun-filzig an der Unterseite. Sie leben 2 Jahre und fallen im Frühjahr des 3. Jahres ab. Die cremeweißen, nach Zitronen duftenden Blüten haben 9 bis 12 dicke Tepalen und werden 20 bis 30 cm breit. Sie sind schalenförmig, später mehr tassenförmig, halten nur 2 Tage und erscheinen im späten Sommer. Die Fruchtzapfen sind dick eiförmig, 5 bis 7 cm lang, gelblich oder silbrigbraun.

*M. grandiflora* gedeiht sowohl in subtropischen Gebieten als auch im temperierten Klima, wobei sie je nach Varietät Fröste von −14 °C bis −24 °C, zumindest für kurze Zeit, erträgt. US-Zone 6 (bis −23 °C). In ihrer natürlichen Umgebung kommen Fröste um −12 °C üblicherweise vor. In Europa werden die Blätter bei −14 °C oft schon geschä-

*Magnolia fraseri* ist frosthart bis –29 °C und hat
bis 30 cm lange und 12,5 cm breite Blätter mit
ohrförmigen Lappen an der Blattbasis. Die bis zu
20 cm großen Blüten erscheinen nach dem Laubaustrieb im Mai/Juni.

digt (das wäre Zone 7). Andererseits hat
eine *M. grandiflora* 'Goliath' im Garten des
Autors den Winter 1984/85 mit –25 °C bei
Laubverlust und Triebschäden überstanden und lebt und blüht bis heute noch!

*M. grandiflora* gedeiht in fast jedem Boden, also in sauren wie in alkalischen Böden, ausgenommen schlechte, trockene
und sehr kalkreiche Lagen. Sowohl Sonne
als auch Halbschatten ist ihr recht.

**Normal empfindliche Sorten**
(für Härtezone 7)

'Angustifolia' kam 1825 nach Frankreich
und durch die Caledonia-Nurseries in
Guernsey nach England. Blätter lanzettlich,
bis 20 cm lang und 11 cm breit, oben glänzend grün, junge Blätter unterseits leicht
braunfilzig, später matt grün.

'Exmouth' (syn. var. *lanceolata*, var. *exonien-
sis*), älteste, englische Sorte, die schon zu
Beginn des 18. Jahrhunderts eingeführt

wurde. Ihren Namen bekam sie von Exmouth in Devonshire, wo sie John Colliton
fand und vermehrte. Der Baum wächst aufrecht und schmal kegelförmig, mit
schmalen, elliptischen, oberseits glänzend
grünen Blättern, mit einem rötlichbraunen
Indumentum unterseits, das mit dem Alter
vergeht. Die Blüten erscheinen vom Juli bis
zum Herbst, besonders in warmen Lagen,
sind mit 20 bis 25 cm Durchmesser sehr
groß und haben 18 Tepalen.

'Ferruginea', eine aufrechte, kompakt wachsende Form, deren Blätter kürzer und stei-
fer sind als jene von 'Exmouth' mit einem
starken, rostbraunen Filzbelag unterseits.
Blüht reich in sonniger Lage, vor allem im
oberen Kronenbereich. Sehr kalkverträglich.

'Gallisoniere', eine über 100 Jahre alte,
französische Sorte mit großen, schalenförmigen Blüten. Soll härter sein als die üblichen Sorten.

'Gloriosa' wächst kompakt mit breiten Blättern und bis 35 cm großen Blüten.

'Goliath' ist entstanden und wurde benannt
in den Caledonia Nurseries auf der Insel
Guernsey, in England sehr bekannt. Der
Wuchs ist buschig, die ovalen, stumpfen
Blätter werden bis 20 cm lang, sind oben
hellgrün glänzend, unten matt hellgrün,
meist ohne braunen Anflug (höchstens an
jungen Blättern). Blüten groß und mehr
kugelförmig, öffnen sich oft nicht ganz,
ansonsten aber bis 30 cm breit, erscheinen
von August bis November.

'Santa Cruz' stammt von Gresham in Kalifornien. Die Blüten duften stark nach Zitronen, haben 22 Tepalen und werden bis
23 cm breit.

**Gut winterharte Sorten** (Zone 6 bis 5)

Die Sorten dieser Gruppe sind vermutlich
auch für mitteleuropäische Gärten geeignet.

'Cairo' stammt aus Cairo in Illinois und
wurde von McDaniel selektiert. Blätter

*Magnolia grandiflora.* Mit ihren glänzend dunkelgrünen, immergrünen Blättern und den großen, im Sommer erscheinenden, weißen Blüten ist *M. grandiflora* eine besondere Zierde jedes Gartens in milden Lagen.

stark glänzend, Blüten schalenförmig, mit 9 weißen, zugespitzten Tepalen. Überstand Wintertemperaturen von −18 °C fast ohne Schaden.

'Edith Bogue' stammt aus Florida. Michael Dirr und Orville Lindstrom von der Universität in Georgia ermittelten eine Kälteresistenz der Blätter von −27 °C bis −30 °C und des Holzes von −30 °C.

'Harold Poole', eine der attraktivsten *M. grandiflora*-Sorten. Wächst als rundlicher Strauch 3 bis 4 m hoch, mit dicht stehenden, glänzend dunkelgrünen Blättern und schmalen Blüten. Wächst kompakt. Soll sehr gut winterhart sein.

'Saint George' hat unterseits braunfilzige Blätter und duftende, cremeweiße Blüten mit 22 bis 25 Tepalen. Soll gut winterhart sein.

'Saint Mary' entstand 1905 in der Glen St. Mary Nursery in Florida. Wächst sehr symmetrisch zu einem großen, kompakten, buschigen Strauch heran, mit oben frischgrün glänzenden Blättern, unterseits mit einem dunkelbraunen Indumentum. Der Blattrand ist gewellt. Die Blüten erscheinen reichlich schon an jungen Pflanzen. Sehr attraktiver Baum, der gut winterhart sein soll.

'Samuel Sommer' wurde in der Saratoga Horticultural Foundation erzogen und 1952 freigegeben. Hat kräftigen, aufrechten Wuchs, die Blätter sind oberseits dunkelgrün glänzend mit goldgrünen Rippen, unterseits goldbraun-filzig. Die 25 bis 30 cm breiten Blüten haben 12 Tepalen und erscheinen schon an jungen Pflanzen. Die Sorte soll im Reinhard-College in Waleska,

Georgia, –24 °C und Tornados überstanden haben.

'Spring Grove' ist eine sehr harte Sorte, deren Blätter –27 °C und deren Holz –30 °C aushalten sollen.

'Victoria' hat dunkelgrün glänzende Blätter mit dunkelbrauner Unterseite und cremeweißen Blüten. Soll ausgesprochen frosthart sein.

'24 Below', eine Selektion aus Knoxville, die im Januar 1985 ohne Schaden Temperaturen von –31 °C überstand.

# Gresham-Hybriden

Um die Mitte der 50er Jahre startete Todd Gresham auf seinem Landsitz „Hill of Doves" bei Monterey in Kalifornien ein Kreuzungsprogramm in zwei Richtungen und selektierte aus den erhaltenen Sämlingen mehrere, wunderschöne, gut winterharte Sorten, die in den USA in Zone 6 (bis –23 °C) eingestuft werden. Sie lieben vollsonnige oder halbschattige Lage auf feuchtem saurem Boden.

Ein Programm umfaßte Hybriden von *M.* × *veitchii* 'Rubra' mit *M.* × *soulangiana* 'Lennei Alba', welchem seine »Buxom Nordic Blondes« (Drallen Nordischen Blonden) entsprangen. Eine andere Kreuzungsreihe führte er mit *M.* × *veitchii* 'Rubra' und *M. liliiflora* 'Nigra' durch. Hieraus resultierten seine »Svelte Brunettes« (Schlanken Brünetten).

### Sorten der »Drallen Nordischen Blonden«

Die »Drallen Nordischen Blonden« bilden starkwüchsige, bis etwa 5 m hohe Bäume mit ausladenden Ästen und blühen etwa 4 Jahre nach der Pflanzung. Die Blüten dieser Gruppe sind vorwiegend milchweiß, von der Basis her rosa angehaucht. 10 Sorten wurde selektiert, von denen die besten aufgeführt sind.

'Elisa Odenwald' bildet mehrstämmige, mittelgroße Bäume und bringt cremeweiße, duftende Blüten.

'Floppy' hat sehr große, weiße, zartrosa überhauchte Blüten, manchmal mit leichtem gelblichem Anflug, die an den dünnen Zweigen leicht überhängen.

'Manchu Fan' bringt sehr große, reinweiße Blüten Mitte April bis Mai.

'Rouged Alabaster', die bis 30 cm großen Blüten sind weiß mit einem rein rosa Anflug am unteren Teil der 9 breiten, dickwandigen Tepalen.

'Sayonara' bringt rahmweiße, an der Basis lachsrosa getönte, bis 20 cm breite Blüten mit rundlichen, weit geöffneten Tepalen.

'Sulphur Cocatoo' hat große, duftende, weiße Blüten mit einem gelben Hauch und 9 breiten Tepalen, deren innere an der Basis violette Flecken tragen.

'Tina Durio', dieser stark wachsende Baum ist eine der beliebtesten Hybriden in Nordamerika. Die sich weit öffnenden Blüten sind reinweiß mit breiten, dicken Tepalen. Die Blüten haben einen Durchmesser bis 25 cm und duften gut.

### Sorten der »Schlanken Brünetten«

Die »Schlanken Brünetten« sind starkwüchsige, mittelgroße Bäume mit ansteigenden Ästen, die bereits 4 Jahre nach der Pflanzung blühen. Die reich angelegten Blüten erscheinen Ende April bis Anfang Mai vor dem Blattaustrieb, haben 6 bis 12 Tepalen und duften nach Honig.

'Dark Raiment' blüht tief rotviolett mit 12 Tepalen, von welchen sich später die äußeren 8 nach unten schlagen und 4 aufrecht stehen bleiben (ein Erbe von *M. campbellii*).

'Heaven Scent' hat vasenförmige, tief purpurrosa, nach der Spitze zu heller gefärbte Blüten mit 9 bis 12 Tepalen und 12 cm Durchmesser.

'Peppermint Stick' bringt weiße, von der Basis her dunkelrosa bis violettrosa über-

hauchte Blüten mit breiten, rundlichen Tepalen, deren äußere später nach unten klappen (»Tasse-Untertasse-Form«).
'Raspberry Ice' bringt große, glockenförmige Blüten mit 12 Tepalen, weiß, an der Basis lilarosa (wie Himbeereis).
'Royal Crown' wächst aufrecht und bringt bis 30 cm große(!) Blüten mit 12 Tepalen, außen rotviolett, innen weiß, die sich bei Vollblüte ganz öffnen. Der Baum hält angeblich –24,5 °C aus. Wunderschöne Sorte.
'Vin Rouge' blüht dunkel weinrot mit dicken Tepalen. Die Jungtriebe sind bronzerot gefärbt.

## Weitere Gresham-Hybriden

Eine andere Hybridengruppe von Gresham entstand aus der Kreuzung von *M. × veitchii* mit *M. × soulangiana* 'Rustica Rubra'. Es sind dies raschwüchsige Bäume mit großen, duftenden, pokalförmigen Blüten, die 25 bis 30 cm breit werden können.
'Darrell Dean', spätblühend, mit großen, weinroten Blüten aus 9 bis 12 breiten Tepalen.

'Joe McDaniel' blüht reich mit sehr schönen, dunkel weinroten, tulpenförmigen Blüten mit breiten Tepalen.
'Peter Smithers' wächst rasch und aufrecht mit großen Blättern und bringt Anfang Mai über 25 cm breite, lilarosa Blüten mit breiten, innen weißen Tepalen.
'Todd Gresham' bringt ebenfalls lilarosa, innen weiße Blüten mit breiten Tepalen.
'Mary Nell' entstand aus einer Kreuzung von *M. × soulangiana* 'Lennei Alba' mit *M. × veitchii* 'Peter Veitch'. Sie blüht erst um Mitte Mai mit bis 25 cm breiten, schalenförmigen, dickwandigen Blüten, weiß, mit einem purpurroten Fleck an der Basis der Tepalen.

Von den später noch selektierten Gresham-Hybriden brachte 1988 David Ellis, der eine Magnolienbaumschule und Schaugärten in Alabama betreibt, 6 weitere Sorten heraus.
'Candy Cane' blüht weiß mit rosa Streifen.
'Dark Shadow', Tepalen weiß, an der Basis rotviolett.
'Jon Jon' blüht spät mit großen, rosaroten Blüten.

Gresham-Hybride 'Heaven Scent'.

'Royal Crown' bringt wundervolle, große, rosarote Blüten. Diese Gresham-Hybride steht bei Eisenhut im Tessin.

'Manchu-Fan' stellt eine ungemein reichblütige, rahmweiße Schönheit unter den Gresham-Hybriden dar. Hier bei Sir Smithers in Vico Morcote.

'Pink Goblet' blüht schon Ende April bis Anfang Mai mit schalenförmigen, rosaroten Blüten.
'Sangreal', starkwachsend mit wundervollen, purpurroten, schalenförmigen Blüten und langer Blütezeit.
'Wine Light' bringt weit geöffnete, lilarote Blüten.

# Magnolia × highdownensis
## (*M. sieboldii* ssp. *sinensis* × *M. wilsonii*)

Diese Hybride stammt aus Sämlingen von J. C. Williams aus Caerhays Castle in Cornwall. Sie ist in allem ihren Eltern sehr ähnlich und wurde von Spongberg als *M. wilsonii* deklariert, die in ihrer Heimat China in verschiedenen Varietäten vorkommt. Sie wächst am stärksten von allen Arten der Sektion Oyama.

*M.* × *highdownensis* zeigt strauchigen, breiten Wuchs, ähnlich *M. sinensis* und wird bis 6 m hoch. Ihre Blätter sind unterseits mehr oder weniger filzig behaart, die Blüten sind kleiner als jene von *M. sinensis* und mehr kugelförmig, auch stehen sie mehr waagrecht an den Zweigenden.
'Jersey Belle' ist eine Naturhybride der gleichen Eltern wie *M.* × *highdownensis* (siehe auch bei *M. sinensis*).

# Magnolia hypoleuca Sieb. et Zucc. (syn. *M. obovata* Thunberg)

Auch Hinoki-Magnolie, in Japan Ho-no-ki genannt.

*M. hypoleuca* ist beheimatet in den Waldregionen der Kurilen-Inseln, in Hokkaido und auf der Insel Ryukyu. Sie hat, gemeinsam mit *M. kobus*, das nördlichste Verbreitungsgebiet von allen Magnolienarten. Sie wurde zwischen 1878 und 1893 nach England eingeführt.

*M. hypoleuca* ist ein raschwüchsiger, prächtiger, zumeist mittelgroßer Baum mit wenig verzweigten, ausladenden Ästen. In den Wäldern Hokkaidos fand man auch Bäume von 30 m Höhe. Die Pflanzen blühen erst mit 12 bis 15 Jahren.

Die Blätter dieser Art sind obovat, in guten Lagen bis 46 cm lang und 20 cm breit,

'Sayonara' ist eine Gresham-Hybride mit wunderbaren, weißen, lachsrosa überhauchten Blüten. Hier im Garten Eisenhut.

mattgrün, jung unterseits silbriggrün, später graugrün. Die stark duftenden, bis 20 cm breiten Blüten erscheinen von Juni bis Juli, sie haben 9 cremeweiße Tepalen, deren äußere rosa überhaucht sind, und rote Filamente. Es gibt auch Variationen mit stärker rosa gefärbten Blüten. Beim Öffnen sind die Blüten schalenförmig, später tassenförmig. Sie besitzen 3 kürzere, grünliche »Kelchblätter«. Die Früchte werden bis 18 cm lang und färben sich im September und Oktober scharlachrot.

Der Baum ist in England raschwüchsig, in der Jugend beträgt der jährliche Zuwachs 60 bis 90 cm. Er liebt sonnige Lage auf gutem, dauernd feuchtem, saurem Boden. Sehr frosthart, US-Zone 5 (bis –29 °C)!

'Joe McDaniel' ist eine wunderschöne, dunkelrote Gresham-Hybride, auch für unser Klima. Hier bei Eisenhut im Tessin.

*M. hypoleuca.*

Das Holz von *M. hypoleuca* ist weich, dichtkörnig, hell gelblichbraun und wird in Japan für Furniere und Möbel verwendet.

'Pink Nighty' ist eine Hybride von *M. hypoleuca*, die von Phil Savage stammt (Bloomfield Hills, Michigan, 1979). Sie blüht mit 8 Jahren mit großen, vasenförmigen, hellrosa Blüten, die besonders abends stark und angenehm duften. Scheint völlig hart zu sein, laut Savage US-Zone 4 (bis −34 °C)!

'Nimbus', gezüchtet von William Kosar, National-Arboretum Washington. Teilweise immergrün, Wuchs ähnlich wie *M. × wieseneri*. Der Baum ist starkwüchsig, bis etwa 9 m hoch, die stark nach Zitronen duftenden Blüten sind cremeweiß, 15 cm breit. Hart bis −23 °C (nach Gossler).

## Jury-Hybriden

Der Magnolienzüchter Felix Jury aus Waitara auf der Nordinsel von Neuseeland überraschte in den letzten beiden Jahrzehnten

| Sorten von M. hypoleuca (Hybriden) | |
|---|---|
| *M. × wieseneri** | (*M. hypoleuca × M. sieboldii*) |
| 'Silver Parasol'** | (*M. hypoleuca × M. tripetala*) |
| 'Pink Nighty' | (*M. hypoleuca × M. fraseri*) |
| 'Nimbus' | (*M. hypoleuca × M. virginiana*) |

 * siehe Seite 86
** siehe Seite 82, 83

mit wunderschönen, zum Teil spektakulären Neuzüchtungen, die er mit *M. campbellii*, *M. sargentiana* var. *robusta*, *M. liliiflora* und *M. × soulangiana*-Hybriden erzielte. Alle Jury-Hybriden haben sehr große Blüten und blühen schon mit 4 bis 5 Jahren. Leider sind diese Sorten aufgrund ihres *M. campbellii*-Anteils nicht besonders winterhart, andererseits liegen aber auch noch wenig Erfahrungen mit den meisten Sorten vor. Allgemein gilt die US-Härtezone 7 bis 8 (bis −18 °C). Ihrer Schönheit wegen seien aber einige Jury-Sorten angeführt.

'Jolanthe' ist die bekannteste Sorte, darum sei sie an den Anfang gestellt. Sie ist eine der schönsten Jury-Sorten und entstammt einer Kreuzung aus *M. × soulangiana* 'Lennei' ♀ × 'Marc Jury' ♂. Sie blühte erstmals 1970 mit 4 Jahren. Die Blüten sind größer als jene von 'Lennei', bis 30 cm breit, mit 9 breiten Tepalen, zart rosa mit einem orangefarbenen Hauch. Die schweren Blüten hängen leicht über. Blüht lange nach, indem wie bei 'Lennei' tiefer am Stamm liegende Knospen nach und nach aufblühen. Hielt am Lago Maggiore −17 °C ohne Schaden aus. Die Baumschulen »Gossler Farms«, Oregon, geben die Winterhärte mit −18 °C (0 °F) an.

'Apollo', eine Kreuzung von *M. liliiflora* 'Nigra' × *M. campbellii* ssp. *mollicomata* 'Lanarth'. Blüten groß, sternförmig, ähnlich jenen von 'Jolanthe', die frühen Blüten rot-violett, die späteren tiefrosa, alle innen heller. Blüte schon mit 2 Jahren.

'Athene' ist eine Hybride von *M. × soulangiana* 'Lennei Alba' ♀ × *M.*-Jury-Hybride 'Mark Jury' ♂. Blüten elfenbein-weiß mit auffälliger, rosavioletter Basis. Eine der besten Sorten.

'Atlas', Hybride wie 'Jolanthe', Blüten riesig, bis 35 cm Durchmesser, Tepalen lilarosa, bis 15 cm breit.

'Lotus', ein Sämling wie 'Athene', bringt große, cremeweiße Blüten mit spatelförmigen Tepalen, ähnlich einer Lotosblüte. Kleiner, kegelförmiger Baum.

'Marc Jury', wahrscheinlich eine Hybride von 'Lanarth' × *M. sargentiana* var. *robusta* mit großen »Campbellii-Blüten« und dikken Tepalen, rahmweiß mit rosa, dunkler schattiert. Blüten nur männlich.

'Milky Way', ein Sämling wie 'Athene', hat dicke, weiße Tepalen mit rosa Basis.

'Serene', Hybride aus *M. liliiflora* × 'Mark Jury'. Wächst aufrecht, kegelförmig, blüht mit 4 bis 5 Jahren. Die Blüten erscheinen spät und halten lange an, sie sind groß, schalenförmig und rosarot gefärbt.

'Vulcan', eine Hybride wie 'Apollo', die Jury als »Stolz der Kollektion« bezeichnet. Langsamwüchsiger, aufrechter, bis 6 m hoher Baum mit spektakulären »Campbellii-Blüten«, leuchtend rubinrot außen und innen (!) und 25 cm Durchmesser.

# Magnolia × kewensis Pearce (*M. kobus* × *M. salicifolia*)

Diese Naturhybride wurde 1938 von C. F. Coates im Royal Botanic Garden Kew neben einer *M. kobus* entdeckt, ebenso wie die Hybride 'Charles Coates' (*M. tripetala* × *M. sieboldii*).

*M.* × *kewensis* hat 10 bis 12 cm lange Blätter und reinweiße Blüten mit 6 Tepalen, die breiter sind als jene von *M. salicifolia*. 3 äußere Tepalen bilden einen falschen Kelch, sie sind klein, graugrün und zurückgebogen. Die Blüten duften wie Orangenblüten. Erhielt den »Award of Merit« der RHS 1952.

Die schöne Sorte 'Wada's Memory' (siehe unten) ist nach Ansicht des Samenlieferanten Koichiro Wada ebenfalls eine Naturhybride von *M. kobus* × *M. salicifolia* und müßte demnach unter *M.* × *kewensis* geführt werden.

# Magnolia kobus DC.

*M. kobus* ist in Japan als »Kita-Kobushi«-Magnolie bekannt. Er ist ein häufiger Baum

*M. kobus.*

in den Wäldern Japans sowie auf der vulkanischen Insel Cheju Do (Quelpart Insel) an der Südküste von Korea. 1861 wurde er von Hall nach USA eingeführt und kam 1879 nach England.

Großer Baum, 10 bis 20 m hoch, in der Jugend kegelförmig, später mit breit ausladenden Ästen. Blätter elliptisch, 6 bis 17 cm lang, im Herbst schön ockerbraun. Winterknospen sehr pelzig, blüht schon im März bis Mitte April vor dem Laub. Die Blüten sind weiß mit einem rosa Fleck an der Basis, 10 cm breit, mit 6 (bis 9) schmalen Tepalen und 3 kleinen »Kelchblättern«.

Der Baum gedeiht auf jedem, nicht zu trockenen Boden, auch auf kalkhaltigen Böden. Völlig frosthart, hält bis –34 °C aus. US-Zone 4.

Von *M. kobus* sind 2 Typen bekannt.

*M. kobus* var. *kobus* aus Zentral- und Südhonshu, wird bis 10 m hoch und blüht erst mit 10 bis 15 Jahren. Reiche Blüte jedes 2. Jahr.

*M. kobus* var. *borealis* aus Nordjapan, Nordhonshu und Hokkaido wird bis 20 m hoch und blüht schon mit 6 bis 7 Jahren.

'Wada's Memory', ein Sämling des Baumschulers Wada aus Yokohama, Japan, der im Arboretum der Universität von Washington

*Magnolia hypoleuca* wächst baumförmig mit großen, schönen Blättern und imposanten Blüten. Sie ist winterhart, verlangt aber kalkfreien Boden.

immer mehrstämmig, mit elliptischen, 10 bis 18 cm langen, dunkelgrünen, glänzenden Blättern. Die Blüten sind schlank tulpenförmig und erscheinen kurz nach dem Blattaustrieb im Mai, wobei die Blütezeit aber 3 bis 4 Wochen andauert. Die Art entgeht daher zum größten Teil den Spätfrösten. Die Blüten haben das dunkelste Rot aller Magnolien, weshalb sie auch das beliebteste Kreuzungsobjekt darstellen. Die innen weißlichen Blüten haben 6 Tepalen und 3 äußere, falsche Kelchblätter, die sich später zurückschlagen. Die Tepalen werden bis 10 cm lang.

*M. liliiflora* liebt feuchten, tiefgründigen Boden und ist ziemlich kalktolerant. Zu starke Sonneneinstrahlung kann zu Verbrennungen an den Blütenblättern führen. Gut winterhart, in USA Zone 7 (bis −18 °C), hält aber wahrscheinlich viel mehr Kälte aus.

Nach McDaniel können 15 Klone von *M. liliiflora* unterschieden werden, die als Sämlinge frei abgeblühter Pflanzen, viel-

in Seattle aus mehreren, von Wada übersandten Sämlingen selektiert wurde. Nach Wada könnte es sich um eine Naturhybride von *M. kobus* × *M. salicifolia* handeln. Der Baum wird bis 6 m hoch und blüht schon als junge Pflanze, mit duftenden und doppelt so großen Blüten wie bei *M. kobus*. Völlig winterhart.

## Magnolia liliiflora Desr. ex Lam.

Der in Japan »Mu-lan« oder Waldorchidee genannte Strauch wurde 1790 erstmals durch den 3. Herzog von Portland aus Japan nach England eingeführt. Wilson und Forrest fanden *M. liliiflora* wieder 1900 und 1910 in China und Japan. Wilson fand sie in Westhupeh in 520 bis 610 m Höhe, Forrest fand sie im Tien-chin-pu Valley in 1800 bis 2100 m Höhe. *M. liliiflora* wurde in China und Japan seit Jahrhunderten kultiviert und dürfte als Wildform heute nirgends mehr zu finden sein.

*M. liliiflora* ist ein langsamwüchsiger, bis etwa 3 m hoher und breiter Strauch, fast

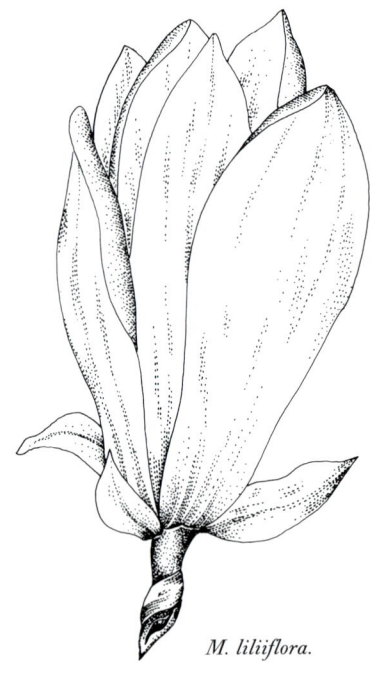

*M. liliiflora.*

'Serene' ist eine Jury-Hybride aus Neuseeland und entstammt der zweiten Generation nach *M. camp-bellii*. Sie dürfte daher viel härter sein als ihre *M. campbellii*-Vorfahren und wäre auch bei uns in milderen Lagen einen Versuch wert. Hier im Schaugarten Eisenhut.

leicht auch durch Mutation entstanden. Demnach werden Samen nur nach Kreuzbefruchtung angelegt, auch nach Bestäubung mit Pollen anderer Arten oder Hybriden.

## Sorten von M. liliiflora

'Nigra' ist die am meisten verbreitete Form, daher steht sie hier an erster Stelle (siehe Foto Seite 91). Sie wurde 1861 von Veitch aus Japan eingeführt. Sie ist die härteste und großblütigste Form. Die tulpenförmigen Blüten, die sich bald nach dem Laubaustrieb öffnen, haben 7 bis 9 12 cm lange, dunkel weinrote, innen weißliche Tepalen, die sich nicht sehr weit öffnen, die äußeren schlagen sich aber bald nach unten um und zeigen die helle Innenseite. Die Blüten duften angenehm nach Zitronen, die Blütezeit erstreckt sich über 2 Monate, oft noch mit einer Nachblüte im Spätsommer. Sie ist völlig winterhart, in den USA in Zone 6 (bis

*Magnolia kobus.*

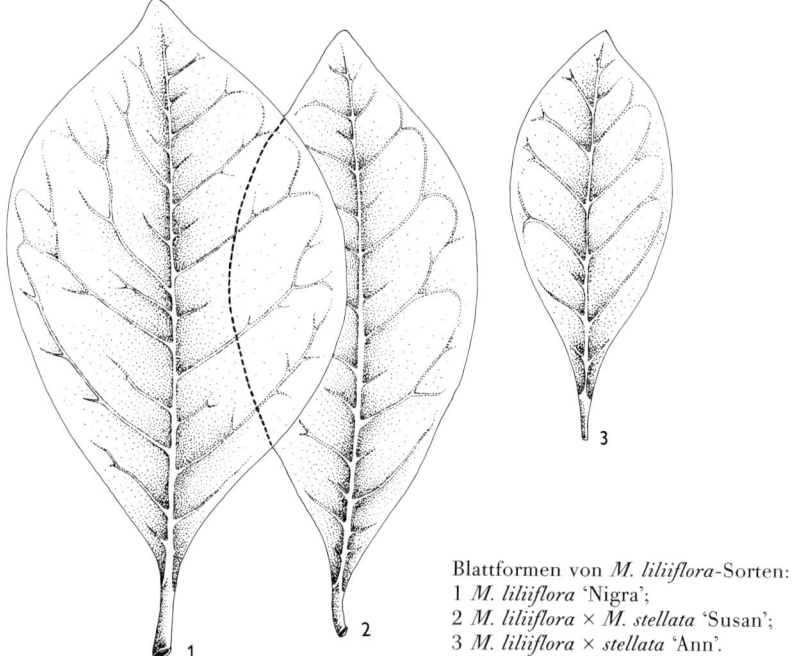

Blattformen von *M. liliiflora*-Sorten:
1 *M. liliiflora* 'Nigra';
2 *M. liliiflora* × *M. stellata* 'Susan';
3 *M. liliiflora* × *stellata* 'Ann'.

–23 °C) eingestuft. In meinem Arboretum überstand die Sorte alle strengen Winter der vergangenen 30 Jahre ohne Schaden, auch den Polarwinter 1984/85 mit Temperaturen um –25 °C!
'Darkest Purple', Blüten wie bei 'Nigra', aber noch etwas dunkler weinrot, auch an der Innenseite der 6 Tepalen. Guter Zitronenduft.
'Gracilis' wurde von Rehder schon 1804 aus Japan importiert. Sie zeigt schlankeren Wuchs, dünnere Äste sowie schmälere und kleinere Blüten als 'Nigra'. Die 6 schmalen Tepalen biegen sich an der Spitze nach außen um. Nach Millais (1927) könnte es sich um eine alte Hybride von *M. liliiflora* × *M. stellata* handeln.
'Holland Red' blüht ebenfalls tief purpurrot und duftet gut.
'Lyons F', ähnlich der vorigen.
'O'Neill' wächst kompakt mit großem, dunkelgrünem Laub. Blüten tief weinrot, innen weiß bis rosa. Selektiert von McDaniel an der Universität von Illinois.

'Reflorescens', der Sorte 'Nigra' sehr ähnlich, blüht jedoch von Anfang April ununterbrochen den ganzen Sommer über.

## M.-Liliiflora-Hybriden

In den Jahren 1955 und 1956 wurden im US National Arboretum Washington zwei Hybridisierungsprogramme durchgeführt, deren Ergebnis die »8 Little Girls« waren. 1955 wurden unter Leitung von Francis de Vos aus Kreuzungen von *M. liliiflora* 'Nigra' ♀ × *M. stellata* 'Rosea' ♂ 4 Sorten ausgewählt: 'Anne', 'Judy', 'Randy' und 'Ricky'. 1956 entstanden unter der Leitung von William F. Kosar aus den Sorten *M. liliiflora* 'Reflorescens' × *M. stellata* 'Waterlily' die Hybriden 'Betty', 'Susan', 'Jane' und 'Pinkie'. Sie heißen nun allgemein De Vos-Kosar-Hybriden.

Alle diese Hybriden bilden kompakte, vielstämmige Büsche von 3 bis 4,5 m Höhe und aufrechtem Wuchs und sind somit ideale Magnolien für kleine Gärten. Alle lieben feuchten, guten Boden und sind dort auch etwas kalktolerant, alle sind völlig frosthart. 'Anne' ist um Mitte April die frühestblühende, 'Pinkie' Mitte bis Ende Mai die spätest blühende Sorte. Ihre Blätter sind oval bis elliptisch, bis 15 cm lang und 7 cm breit, die duftenden Blüten erscheinen zumeist vor den Blättern oder mit den Blättern. Sie sind mittelgroß und von hellrosa bis dunkelroter Farbe.

'Anne' ist ein aufrecht wachsender Strauch mit purpurroten Blüten um Mitte April. Die Blüten haben 6 bis 8 außen und innen rot gefärbte Tepalen und werden 10 cm breit. Die Sorte ist kalkempfindlich.

'Betty' wächst stärker und hat die größten Blüten dieser Gruppe. Die Blüten haben 13 bis 19 gedrehte, dunkelrote, innen weiße Tepalen, bis 18 cm Durchmesser. Blüht Mitte bis Ende April.

'Jane' wächst streng aufrecht, Blüten ähnlich 'Betty', aber mit 8 bis 10 gut duftenden Tepalen, bis 10 cm breit. Blüht Anfang bis Mitte Mai.

'Judy' hat langsamen, säulenförmigen Wuchs, die kerzenförmigen Blüten erscheinen Ende April, sie haben 10 purpurrote, innen cremeweiße Tepalen und sind bis 7 cm breit.

'Pinkie' ist ein vielstämmiger, kompakter, rundlicher Strauch mit rein hellrosa, innen weißen Blüten mit 9 bis 12 Tepalen. Die Blüten werden 12 bis 18 cm breit und blühen erst ab Mitte Mai.

'Randy' wächst säulenförmig aufrecht, blüht sehr reich Ende April. Blüten purpurrot, innen weiß, 12 cm breit, mit 9 bis 11 Tepalen. Sie öffnen sich später sternförmig.

'Ricky' ist von kräftig aufrechtem Wuchs und blüht ähnlich 'Betty' mit großen, dunkelroten, später lilarosa, innen weißen Blüten mit 9 bis 15 gedrehten Tepalen, 15 cm breit. Knospen lang, schmal und spitz. Blüht Ende April.

'Susan' ist die frosthärteste Sorte in Holz und Blütenknospen von allen »8 Kleinen Mädchen«. Sie wächst kompakt und blüht schon als kleine Pflanze sehr reich mit beiderseits dunkel weinroten Blüten. Diese haben 6 schmale Tepalen, sind 10 bis 15 cm breit und duften gut. Die Blütenknospen sind schlank und spitz. Bei Vollblüte gehen die Blüten sternförmig auf, mit herabhängenden Tepalen. Blüht Ende April.

'George Henry Kern' zählt nicht mehr zu den »8 Kleinen Mädchen«, denn hier war *M. stellata* die Mutterpflanze. Wächst stark und verzweigt 4 m hoch und blüht ab Mitte

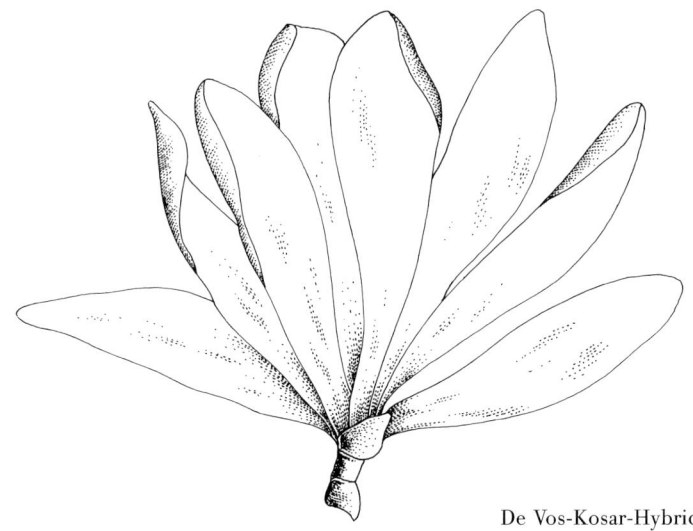

De Vos-Kosar-Hybride 'Ann'.

Die »8 kleinen Mädchen« entsprangen einer Verbindung aus der Purpurmagnolie mit der Sternmagnolie, sind alle schwachwüchsig, eher strauchförmig und winterhart, also ideal für kleine Gärten.
'Anne' ist ein schwachwüchsiger, reizend blühender Strauch unter den »Kleinen Mädchen«.

'Pinkie' hat das schönste, helle Rosa aller »Kleinen Mädchen«, wächst locker und buschig.

April ununterbrochen bis in den Juli. Blüten außen tiefrosa, innen hellrosa, mit 8 bis 10 schmalen, gebogenen und gedrehten, 8 cm langen Tepalen. Liebt Sonne und sauren Boden und ist sehr frosthart, US-Zone 5 (bis −29 °C). Wurde 1935 gezüchtet von Karl E. Kern in den Wyoming Nurseries in Cincinnati, Ohio.

'Orchidee' ist eine andere Hybride der gleichen Eltern, von kompaktem, buschigem Wuchs. Die Blütenknospen sind tief dunkelrot, die langen Tepalen rotviolett, innen weiß. Blüten sehr wetterfest.

Auch einige schöne Hybriden von *M. liliiflora* 'Nigra' × *M.* × *soulangiana* 'Rustica Rubra' von Otto Spring aus Okmulgee, Oklahoma, sind hier zu nennen, sie haben alle schöne, dunkelrote Blüten. Dazu gehören z. B. 'Dark Splendor', 'Orchid Beauty' und 'Red Beauty'.

'Marillyn', eine Hybride aus *M. liliiflora* 'Nigra' ♀ × *M. kobus* ♂, die 1954 von Sperber im Botanischen Garten Brooklyn gezüchtet wurde. Sie wächst mehrstämmig strauchförmig und bringt reinrosa, innen hellrosa Blüten mit 6 Tepalen. Beginnt vor dem Laubaustrieb zu blühen und blüht dann 4 Wochen lang. Völlig frosthart, US-Zone 4 (bis −34 °C).

Die *M.*-Liliiflora-Hybriden 'Galaxy' und 'Spectrum' siehe unter *M. sprengeri* 'Diva' (Seite 80).

'Susan' hat schmale, beiderseits dunkelrote Blüten bei dichtem, kompaktem Wuchs und ist ziemlich kalktolerant. Eine der schönsten der »Kleinen Mädchen«.

# Magnolia × loebneri Kache (syn. *M. kobus* var. *loebneri* (Kache) Spong.)

Entstammt einer Kreuzung von *M. kobus* × *M. stellata* des deutschen Pflanzenzüchters und Garteninspektors Max Löbner aus Pillnitz bei Dresden, die erstmalig 1917 geblüht hat. 1923 kaufte die Baumschule Kordes in Sparrishoop einige Pflanzen und gab später welche an die Baumschule Hillier in Winchester weiter. So wurde diese Sorte in Deutschland und England bekannt.

*M.* × *loebneri* bildet einen 4 bis 9 m hohen, breiten, dicht verzweigten Strauch oder mehrstämmigen Baum mit dünnen, ausladenden Zweigen. Da verschiedene Sämlinge dieser und auch nachfolgender Kreuzungen existieren, ist der Wuchs von *M.* × *loebneri* sehr vielgestaltig. Die elliptischen Blätter sind jenen von *M. stellata* ähnlich, bis 12 cm lang und 5 cm breit, unterseits heller grün. Herbstfärbung ocker-

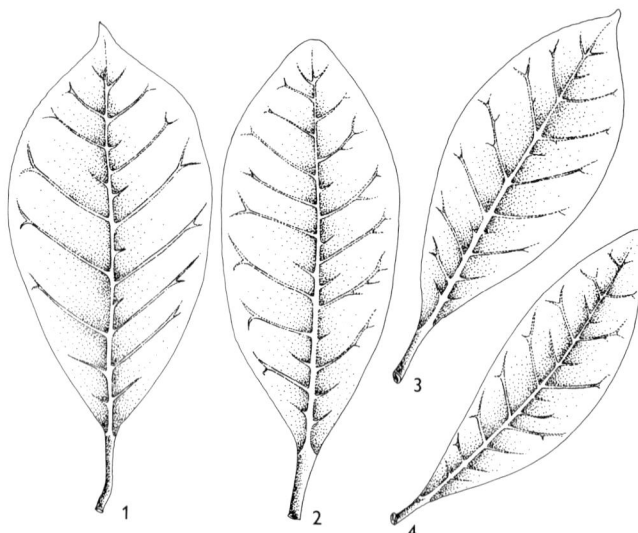

Blattformen von *M. × loebneri* und ihren Eltern: 1 *M. kobus*; 2 *M. × loebneri* 'Leonhard Messel'; 3 *M. × loebneri*; 4 *M. stellata*.

braun. Die sternförmigen, leicht duftenden Blüten erscheinen schon an jungen Pflanzen vor dem Laubaustrieb im April. Sie haben ursprünglich 12 Tepalen, bei neueren Züchtungen schwankt die Zahl zwischen 8 und über 30. Die Blüten sind 11 bis 15 cm breit, weiß, bei neueren Sorten auch hell lilarosa bis reinrosa.

*M. × loebneri* ist völlig frosthart (US-Zone 5, bis –29 °C) und sehr bodentolerant. Sie gedeiht sowohl auf sauren wie auf kalkhaltigen Böden, auf leichten Sandböden wie auf schweren Lehmböden, in Sonne und Halbschatten. Nach Spongberg vom Arnold Arboretum ist *M. × loebneri,* so wie auch *M. stellata,* nur eine Varietät von *M. kobus.*

## M. × loebneri-Sorten

'Ballerina', ein Sämling von 'Spring Snow', den McDaniel 1968 an der Universität von Illinois selektierte. Bildet einen kleinen Baum mit stark verzweigter Krone. Die duftenden Blüten sind weiß mit einem rosa Fleck an der Basis der etwa 30 Tepalen. Die Blüten wirken wie Rosen.

'Encore', ein Sämling von 'Ballerina' von Kehr, 1988. Wächst langsam und buschig und blüht schon mit 4 Jahren. Bringt jeweils 1 bis 4 Blüten an den Zweigspitzen und blüht auch entlang der Zweige! Die Blüten haben 18 bis 25 Tepalen. Völlig hart, US-Zone 4 (bis –34 °C).

'Leonard Messel' entstand 1955 in Nymans Garden in Südengland, wahrscheinlich als Sämling von *M. kobus* × *M. stellata* 'Rosea'. Der schwachwüchsige Strauch bringt lilarosa, innen cremeweiße Blüten mit 11 bis 12 Tepalen, sternförmig und 12 cm breit.

*M. × loebneri* 'Spring Snow'.

Die Blüten erscheinen im April und sind frosthärter als jene weißblühender Sorten. ‹Leonard Messel› gilt als die schönste rosa Sorte von *M. × loebneri* und erhielt das »First Class Certificate« der RHS 1969. ‹Merrill› stammt aus dem Arnold Arboretum und wurde 1939 von Karl Sax selektiert. Es ist die starkwüchsigste von allen »Loebneri-Sorten«, wird 6 bis 9 m hoch und sehr breit. Blüht schon als junge Pflanze im April. Die reinweißen, duftenden Blüten sind 10 bis 15 cm breit, mit 15 breiten Tepalen.

‹Neil McEacharn› stamt aus Sämlingen der Sorte *M. stellata* ‹Rosea› von Capt. Neil McEacharn aus dem Park der Villa Taranto am Lago Maggiore. Die Sorte gleicht einer baumförmigen *M. stellata* ‹Rosea›, wird bis 5 m hoch und bringt 10 cm breite, weiße, rosa überhauchte Blüten mit vielen Tepalen. Erhielt den »Award of Merit« der RHS 1968.

‹Powder Puff›, ein Sämling von ‹Ballerina› von Kehr, 1987. Blüht ähnlich wie *M. × loebneri*, mit 18 bis 25 mehr aufrechten, weißen Tepalen.

‹Snowdrift›, dieser einstämmige, kegelförmige Baum wird 3 bis 4 m hoch und stammt aus der Baumschule Hillier in Winchester, 1969. Die Sorte bringt größere Blüten als *M. stellata*, mit 12 weißen Tepalen und blüht erst im April und Mai.

‹Spring Snow› und ‹Star Bright› sind unbekannter Herkunft und wurden von McDaniel benannt. Die Sorten wachsen stark, bis 9 m hoch und bringen reinweiße, duftende Blüten mit etwa 15 Tepalen im April und Mai.

# Magnolia macrophylla Michx.

Diese Art ist beheimatet in den östlichen USA, in den Appalachen und Ozark Mountains, in Georgia, Alabama, Louisiana, Virginia, Kentucky und Arkansas, im Norden bis Ohio. Sie gedeiht einzeln oder in kleinen Gruppen in Wäldern und Flußtälern, in tiefgründigen, feuchten Böden in sonniger, aber windgeschützter Lage.

*M. macrophylla* wurde 1759 von Michaux in den Bergen von South Carolina entdeckt und um 1800 nach England gebracht, wo sie 1819 zum ersten Mal geblüht haben soll.

Die Art wächst zu einem mittelgroßen, 7 bis 15 m hohen, oft mehrstämmigen, breitästigen Baum heran, mit glatter, weißer Rinde. Sie hat die größten Blätter von allen Magnolien, die bis 90 cm lang und 30 cm breit werden können. In England erreichen sie etwa 60 cm Länge. Die obovaten Blätter sind papierartig dünn, oben grün und unterseits silberweiß. Sie stehen an den Zweigspitzen schirmartig gedrängt und sind empfindlich gegen starken Wind, der sie arg beschädigen würde. Die jungen Triebe sind flaumhaarig und silbrig hellgrün.

Die großen Blüten von *M. macrophylla* sind mit 25 bis 30 cm im Durchmesser größer als jene von *M. grandiflora*. Sie erscheinen nach dem Laubaustrieb im Juni und Juli und sind anfangs schalenförmig, mit 6 dicken, cremeweißen Tepalen, von welchen die 3 inneren einen rotvioletten Fleck an der Basis aufweisen. Eine reinweiße Form wurde in Alabama gefunden. Die Blüten duften angenehm. Die rosa Fruchtzapfen sind 6 bis 9 cm lang, ei- bis kugelförmig und behaart. Der Baum blüht als Sämling mit etwa 14 Jahren.

*M. macrophylla* gedeiht sowohl in saurem als auch in leicht kalkhaltigem, feuchtem Boden. Sie verlangt warme Sommer zum guten Ausreifen ihres Holzes. In vollsonniger Lage bleiben die Blätter kleiner. Sie ist ganz frosthart und in US-Zone 5 (bis −29 °C) eingereiht. Starke Triebe an jungen Pflanzen erfrieren leicht, wenn sie unausgereift in den Winter kommen. Peter del Tredici gibt für geschützte Lagen eine Frosttoleranz von −10 °F (−23 °C) an.

*Magnolia × loebneri* entstammt einer Kreuzung aus *M. kobus* mit *M. stellata* und steht in Blüten- form und Wuchs zwischen ihren Eltern. Sie ist vollkommen winterhart und auch für kleinere Gärten geeignet. 'Encore' ist ein Sämling der *M. × loebneri* 'Ballerina' mit dicht gefüllten Blüten und schwachem Wuchs. Hier im Garten Dr. van Veen in Vira am Lago Maggiore.

'Leonard Messel' ist eine wundervolle, rosa blü- hende *M. × loebneri*-Sorte, die in keinem Garten fehlen sollte! Sie blüht überreich schon vor dem Laub und hält sich in ihrem Wuchs in Grenzen.

'Whopper' ist eine von McDaniel selektierte Sorte mit riesigen, bis 46 cm (!) großen Blüten mit 9 Tepalen.
'Karl Flinck' ist eine Kreuzung von *M. ma- crophylla* × *M. virginiana* von Savage

(1989). Diese Sorte ist immergrün mit 35 cm langen und 10 cm breiten Blättern, ähnlich jenen von *M. virginiana*. Die wei- ßen Blüten haben an der Basis einen rot- violetten Fleck. Interessant ist die Frost- härte der Sorte, sie wurde in US-Zone 5 (bis –29 °C) gereiht.

**Magnolia macrophylla ssp. ashei** (Weatherby) Spongb.

Diese Unterart wird als die seltenste Ma- gnolie in Amerika bezeichnet. Sie gedeiht in den Niederungen Nordwestfloridas. Sie kam um 1949 nach England, wo Johnstone im Trewithen-Garden in Cornwall die er- sten Sämlinge erzog. Sie erwuchsen zu klei- nen, buschigen Bäumen, der schönste war 1977 etwa 4 m hoch und breit.

    *M. macrophylla* ssp. *ashei* gilt als emp- findlich, in England hat sie –14 °C ohne Schaden überstanden, wahrscheinlich hält sie auch mehr Kälte aus. Del Tredici gibt die Winterhärte mit US-Zone 6b an, dem- nach müßte sie Temperaturen bis –20 °C aushalten. Treseder nimmt an, daß diese Unterart wärmere und trockenere Sommer verlangt, als es sie in Südengland gibt.

# Magnolia officinalis Rehd. et Wils.

Wurde 1885 von Augustine Henry in Ostse- chuan entdeckt und von Wilson 1900 nach England in die Baumschule Veitch in Exe- ter gebracht. 1907 kam sie nach USA ins Arnold Arboretum.

    *M. officinalis* wird an den Berghängen von Hupeh und Sechuan als Heilpflanze kultiviert. Sie ist dort als »Hou-phu« be- kannt und wird seit etwa 1000 Jahren in der Medizin verwendet. Extrakte aus der Rinde sollen gegen Husten und Erkältun-

'Merrill' stellt eine besonders schön blühende Sorte von *M. × loebneri* dar.

*M. officinalis.*

Diese starkwüchsige Varietät unterscheidet sich vom Typ durch noch größere Blätter, bis 46 cm lang und 20 cm breit, mit bläulicher, anfangs behaarter Unterseite. Sie sind an der Spitze deutlich eingekerbt, daher der Name »biloba« (zweilappig). Die Jungtriebe sind behaart. Die cremeweißen bis hellgelben Blüten sind schalenförmig, 12 bis 18 cm breit und erscheinen mit den Blättern im April und Mai. Ihre Tepalen sind etwas schmäler als beim Typ. Die Varietät liebt tiefgründige, feuchte und saure Böden in windgeschützter, sonniger Lage. Sehr frosthart, US-Zone 5 (bis –29 °C).

gen helfen, Auszüge aus den Blütenknospen werden bei Frauenkrankheiten angewendet. Da vor allem bei der Gewinnung der Rinde die wildwachsenden Bäume zugrunde gingen, kommt *M. officinalis* heute nur mehr selten wildwachsend vor, jedoch häufig in Kultur.

Der raschwüchsige Baum wird bis 21 m hoch und hat eine aschgraue Rinde. Seine obovaten Blätter sind sehr groß, bis 38 cm lang und 18 cm breit mit abgerundeter Spitze, hellgrün mit graugrüner Unterseite und an den Blattrippen behaart. Die Blätter stehen wie bei der nahe verwandten *M. hypoleuca* an den Zweigspitzen gehäuft. Die Blüten sind kleiner als jene von *M. hypoleuca*, mit 9 bis 15 schmalen Tepalen, die ähnlich wie *M. tripetala* aufgebogene Ränder haben. Die weißen Blüten erscheinen im Sommer und riechen eher unangenehm. Die 3 äußeren Tepalen sind klein, hellbraun und papierartig und bilden einen falschen Kelch.

### M. officinalis var. biloba

ist in England viel häufiger anzutreffen als der Typ. Sie wurde 1927 von Wilson in der Provinz Kiangsi in China entdeckt und beschrieben, aber erst 1936 von Harold Hillier aus dem Botanischen Garten Lu-Shan eingeführt. 30jährige Bäume waren bei Hillier 9 m hoch.

# Magnolia 'Picture'

Starkwüchsiger, aufrechter Baum, der um 1930 von dem japanischen Baumschuler Wada aus Yokohama im Schloßgarten von Kaga Castle in Kanazawa entdeckt wurde. Wada hielt die Sorte für eine alte Zufallskreuzung von *M. denudata* × *M. liliiflora* 'Nigra', die jedoch schon älter sein dürfte als die *M.*-Soulangiana-Hybriden. 'Picture' erhielt den »Award of Merit« der RHS 1969.

Die Blätter von 'Picture' sind breitrund, ähnlich jenen von *M. × soulangiana* 'Lennei', und die duftenden Blüten sind sehr groß, 20 bis 30 cm breit, weiß mit rosa und roten Streifen von der Basis her und mit weißer Innenseite. Die kelchförmigen Blüten haben 6 bis 9 dicke Tepalen. Der Blütenansatz ist bei starker Sonneneinstrahlung viel besser. Die Winterhärte von 'Picture' soll sehr gut sein.

'Picture Superba' ist starkwüchsig und wurde von Wada selektiert. Sie hat riesige, schalenförmige, weiße, rosa überhauchte Blüten, in der Form ähnlich jenen von 'Lennei'.

'Picture White Giant' wurde ebenfalls von Wada selektiert. Die Sorte hat große, milchweiße Blüten, die sich sehr weit öffnen.

'Big Dude' ist eine Hybride aus *M.* 'Picture' × *M. sprengeri* 'Diva' von Savage. Sie bringt sehr große, bis 35 cm breite, duftende

Blüten mit 9 bis 12 Tepalen, außen rötlich-violett, innen weiß. Die Sorte soll unglaublich frosthart sein, laut Savage bis −34 °C.

## Pickard-Hybriden

Das sind allesamt Sämlinge der Sorte 'Picture', die Pickard in Canterbury, England, durch Selbstung erzielte und nach 1970 in den Handel brachte. Die Pickard-Hybriden sind starkwachsende, bis etwa 7 m hohe Bäume mit breiten, rundlichen Blättern und großen, pokalförmigen Blüten mit 20 bis 30 cm im Durchmesser. Die Blüten erscheinen Mitte April bis Anfang Mai vor bis gleichzeitig mit dem Laubaustrieb und duften nach Zitronen. Die Bäume blühen schon als kleine Pflanzen und sollen gut

winterhart sein. Sie verlangen volle Sonne, sonst blühen sie weniger gut! Auch scheinen sie nicht sehr kalktolerant zu sein. Die Blütenfarben variieren von weiß bis tief weinrot. Die Baumschule Otto Eisenhut in der Schweiz bietet nachstehende Sorten an.

## Magnolia × proctoriana Rehd.

Sämling aus einer Kreuzung von *M. salicifolia × M. stellata*, der 1928 von T. R. Proctor in Topsfield, Massachusetts, in das Arnold Arboretum gesandt wurde.

Die Hybride wächst zu einem kleinen, breitästigen Baum heran, etwa 6 m hoch nach 20 Jahren. Der Baum hat schlanke Triebe und kleine, unterseits hellgrüne

## Pickard-Hybriden

| Sorte | Blütenfarbe | Bemerkungen |
|---|---|---|
| 'Pickard's Charme' | rosa | mittelgroße, duftende Blüten |
| 'Pickard's Chrystal' | elfenbeinweiß, an der Basis rosa überhaucht | |
| 'Pickard's Choral' | weiße Basis, rosa überhaucht | |
| 'Pickard's Firefly' | tief weinrot | duftende Blüten |
| 'Pickard's Garnet' | tief weinrot | sehr schöne Sorte |
| 'Pickard's Glow' | weinrot | später verblassende, duftende Blüten |
| 'Pickard's Opal' | weiß, an der Basis purpurrot | |
| 'Pickard's Pearl' | weiß, ähnlich 'Opal' | sehr schöne Sorte |
| 'Pickard's Pink Diamond' | pastellrosa, in weiß übergehend | duftend |
| 'Pickard's Ruby' | tief purpurrot | sehr schöne Sorte, blüht bereits 2 Jahre nach der Pflanzung |
| 'Pickard's Schmetterling' | weinrot | duftende Blüten, ähnlich 'Royal Crown', blüht 5 Jahre nach der Pflanzung, sehr schöne, große, wüchsige Sorte |
| 'Pickard's Snow Queen' | reinweiß | 6 Tepalen |
| 'Pickard's Sundew' | cremeweiß, rosa überhaucht, an der Basis orangerosa | große, duftende breitrunde Blüten mit 9 Tepalen, starkwachsend |

Oben links: 'Starbright' ist eine wundervolle, dicht gefüllt blühende Sorte von *M.* × *loebneri*. Hier bei Eisenhut im Tessin.

Mitte links: *Magnolia macrophylla* ssp. *ashei* hat ebenso schöne Blüten wie die Art und wächst schwächer. Allerdings soll sie nicht so frosthart sein. Ein interessanter Baum für milde, windgeschützte Lagen.

Oben rechts: Die Sorte 'Picture' stammt aus Japan und ist vermutlich ein *M.* × *soulangiana*-Sämling. Ihre riesigen Blüten sind bezaubernd schön.

Unten: 'Picture White Giant' ist eine weißblühende Sorte der großblütigen 'Picture', ebenfalls aus Japan. Hier im Garten Eisenhut.

Oben links: Pickard-Hybriden sind Sämlinge der
Japanischen Sorte 'Picture', die in England er-
zielt wurden und gut winterhart sind. 'Pickard's
Garnet' ist eine wunderschöne Sorte mit großen,
roten Blüten, hier bei Eisenhut im Tessin.
Oben rechts: 'Pickard's Opal' bringt große, rahmweiße Blüten mit roter Mitte – überraschend
schön! Hier bei Eisenhut.
Mitte rechts: 'Pickard's Ruby' ist eine Sorte mit
rosaroten Riesenblüten und wie alle Pickard-
Hybriden gut winterhart. Hier bei Eisenhut in
San Nazzaro im Tessin.
Unten: 'Pickard's Sundew' bringt eindrucksvolle,
rosarote Blüten. Hier im Garten von Sir Smithers
in Vico Morcote im Tessin.

Blätter, ähnlich jenen von *M. salicifolia*. Die sehr reich angelegten Blüten öffnen sich Mitte bis Ende April vor dem Laubaustrieb. Sie sind weiß, mit einem rosa Punkt an der Basis der 6 bis 12 Tepalen. Sie werden 10 cm breit und duften schwach.

*M. × proctoriana* liebt einen guten, feuchten und sauren Boden in voller Sonne oder Halbschatten. Sie ist ganz winterhart, US-Zone 5 (bis −29 °C).

Spongberg vom Arnold Arboretum nimmt an, daß *M. × proctoriana* keine Hybride, sondern nur eine Varietät von *M. salicifolia* ist.

'Slavin's Snowy', stammt aus dem Highland-Park in Rochester, New York. Sie bildet einen kleinen, aufrechten Baum mit duftenden und größeren Blüten als jene von *M. × proctoriana*, bis 15 cm im Durchmesser, mit einem rosa Fleck an der Basis der 6 bis 9 Tepalen.

# Magnolia salicifolia (Sieb. et Zucc.) Maxim.

Die Heimat der »weidenblättrigen« Magnolie sind die Berge von Zentral- und Südjapan. Sie wurde 1893 von Charles S. Sargent und James Harry Veitch nach England eingeführt.

Der Baum wächst sehr variabel, zumeist aufrecht kegelförmig, ein- oder mehrstämmig, und kann 15 m Höhe erreichen. Die jungen Triebe und Blätter riechen beim Reiben stark anisartig. Die Blätter sind lanzettförmig, bis 14 cm lang und 5 cm breit, unterseits blaugrün. Die duftenden, reinweißen Blüten erscheinen schon Anfang April vor dem Laubaustrieb und schon an 5- bis 6jährigen Bäumen. Die bis 12 cm breiten Blüten haben 6 Tepalen und nicken etwas, wenn sie voll erblüht sind. Eine Form vom Berg Hakkoda in Japan hat eine breitere Krone und größere Blüten, die 2 Wochen später als die des Typs aufbrechen. Die schlanken, bis 7 cm langen, rosa Frucht-

zapfen werden im Oktober reif und verfärben sich dann braun.

*M. salicifolia* ist ähnlich der *M. kobus*, hat jedoch glatte, nicht pelzige Knospenhüllen und viel schmälere Blätter. Sie liebt feuchte, saure Böden in Sonne oder Halbschatten und ist völlig winterhart, US-Zone 5 (bis −29 °C).

*M. salicifolia* var. *concolor* hat breitere Blätter und 7 bis 8 lange, riemenförmige Tepalen.

*M. salicifolia* var. *fastigiata* beschrieb Millais aus Tilgate in Sussex, es handelt sich dabei wahrscheinlich um eine, aus Japan eingeführte, veredelte Pflanze mit schlankem Wuchs und größeren Blüten.

'Jermyns' ist eine Selektion von Hillier in Winchester, die langsam und strauchig wächst, mit breiteren Blättern und größeren, später erscheinenden Blüten.

Von *M. salicifolia* gibt es einige Hybriden. *M. × proctoriana* (*M. salicifolia* × *M. stellata*), *M. × kewensis* (*M. salicifolia* ♂ × *M. kobus* var. *kobus* ♀). *M. × slavinii*, die eine Hybride von *M. salicifolia* × *M. × soulangiana* sein soll, jetzt aber zu *M. × proctoriana* zählt. Spongberg hält alle diese »Hybriden« für Variationen von *M. salicifolia*, die sich selbstfertil fortpflanzt und eine große Variationsbreite aufweist.

*M. salicifolia.*

*M. sargentiana* var. *robusta.*

# Magnolia sargentiana
## Rehd. et Wils.

Diese wunderschöne Art wurde 1869 von dem französischen Missionar Armand David entdeckt, 1903 dann auch von Wilson am Mount Wa in Westsechuan, China, in einer Höhe von 2300 m. Er sandte 1908 Samen in das Arnold Arboretum nach Boston, wo die Art nach Charles S. Sargent benannt wurde. Über Frankreich gelangte die Art schließlich nach England, wo in Caerhays Castle in Cornwall die erste Pflanze 1931 erblühte.

Man unterscheidet zwischen *M. sargentiana* und *M. sargentiana* var. *robusta.* Erstere hat kleinere, bis 20 cm breite Blüten mit 10 bis 14 schmäleren Tepalen, die Blüten variieren von aufrecht bis hängend. Sämlinge blühen erst nach 25 Jahren. Hier wird nur die var. *robusta* behandelt.

### M. sargentiana var. robusta

*M. sargentiana* var. *robusta* wächst zu einem 12 bis 15 m hohen, von der Basis an ver-zweigten, baumförmigen Strauch heran, in der Heimat auch höher. Die jungen Sprosse sind grünlichgelb, später grau. Veredelte Pflanzen blühen nach 10 bis 15 Jahren. Die Blätter sind schmal lanzettförmig, an der Spitze ausgerandet, eingekerbt oder auch zugespitzt. Sie werden 14 bis 20 cm lang und 5 bis 8 cm breit, sind glänzend grün, unterseits flaumig graugrün.

Die Blütenknospen sind von 4 bis 5 pelzigen Hüllschuppen umgeben. Die wundervollen, großen, nickenden Blüten haben 12 bis 16 breite, dickwandige Tepalen und erreichen einen Durchmesser von 20 bis 30 cm. Die besonders nachts stark duftenden Blüten sind malvenrosa, außen an der Basis dunkel violettrosa und erscheinen vor den Blättern ab Ende März. Erwachsene Bäume blühen manchmal so reich, daß sie im folgenden Jahr pausieren. Sie blühen dann, wie auch *M. kobus,* nur alle 2 Jahre voll. Die dunkelroten Fruchtzapfen werden 10 bis 12 cm lang.

*M. sargentiana* var. *robusta* bevorzugt wie die meisten Magnolien feuchten, humusreichen und sauren Boden in sonniger Lage.

*Magnolia salicifolia.* Die weidenblättrige Magnolie aus Japan wächst baumartig, blüht ähnlich wie *M. kobus* und ist völlig winterhart.

Leider ist ihre Winterhärte in unseren Breiten problematisch. In den USA wird sie mit Zone 7 angegeben, sie verträgt demnach bis –18 °C.

*M. sargentiana* var. *robusta* ist in allen Teilen sehr ähnlich der *M. dawsoniana*, und Dandy betrachtete die beiden Arten als ein- und dieselbe Art. *M. sargentiana* var. *robusta* wurde ihrer Schönheit wegen viel für Kreuzungen verwendet.

### Sorten mit M. sargentiana var. robusta als Elternteil

'Caerhay's Belle' (*M. sargentiana* var. *robusta* × *M. sprengeri* 'Diva'), herrliche Sorte, siehe Seite 80 unter *M. sprengeri* 'Diva'.
'Gretel Eisenhut' (*M. sargentiana* var. *robusta* × (*M. sargentiana* var. *robusta* × *M. campellii*)), blüht früh mit sehr großen Blüten, mit tief rosaroten, breiten Tepalen.
'Marjorie Gossler' (*M. denudata* ♀ × *M. sargentiana* var. *robusta* ♂), diese Kreuzung stammt von Savage, wächst stark und

bringt große, rosa Blüten von 25 bis 30 cm Durchmesser. Soll nach Angabe der Baumschule Gossler Farms in Springfield, Oregon, –25 °F (–31 °C) aushalten und wäre damit für Mitteleuropa äußerst interessant.
'Michael Rosse' (*M. campbellii* × *M. sargentiana* var. *robusta*), stammt aus Caerhays Castle Garden. Hat sehr schöne, rein rosa Blüten mit 11 Tepalen. Erhielt den »Award of Merit« der RHS 1968.
'Princess Margaret' (*M. campbellii* 'Alba' × *M. sargentiana* var. *robusta*), phantastische Sorte mit rein rosaroten, innen cremeweißen Blüten mit bis zu 30 cm Durchmesser und 11 Tepalen.
'Blood Moon' stammt aus dem Strybing Arboretum in San Francisco. Blüten wundervoll tief dunkel weinrot, dunkler als bei 'Caerhays Belle'. Leider nur hart bis –18 °C.

## Magnolia sieboldii K. Koch (*M. parviflora* Sieb et. Zucc.)

Diese Art ist zu Hause in den Wäldern Japans, vor allem auf den Inseln Honshu, Shikoku und Kyushu, ferner in Korea, in der südlichen Mandschurei sowie in den chinesischen Provinzen Anhwei und Kiangsu. Wilson fand sie 1918 in Korea, in felsiger Waldlandschaft, vor allem an Flußläufen. Sie wächst aber auch in höheren Lagen. Nach England kam *M. sieboldii* zwischen 1879 und 1888.

*M. sieboldii* ist ein breitwachsender Strauch von 3 bis 4 m, in ihrer Heimat bis 6 m Höhe, mit weit ausladenden, oft etwas hängenden Ästen. Die Blätter sind länglich oval, bis 15 cm lang und 9 cm breit, bläulichgrün und unterseits flaumhaarig. Die schalenförmigen Blüten erscheinen im Juni und Juli und stehen an den Zweigenden waagrecht oder nickend. Sie sind reinweiß, 8 bis 10 cm breit, duftend und haben 9 Tepalen und einen dichten Kranz karminroter Filamente, die durch die Stellung der Blüten hübsch zur Geltung kommen. Die

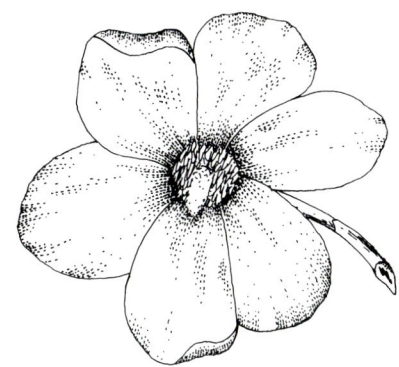

*M. sieboldii.*

*Magnolia sieboldii* ist ein Vertreter der spätblü-henden Arten mit nickenden, weißen Blüten. Sie ist schwachwüchsig, vollkommen winterhart und eignet sich gut für kleine Gärten. Hier wurden einige Blüten zusammengestellt.

Pflanzen blühen schon mit 5 Jahren. Sehr schön sind die 4 cm langen, reichlich gebil-deten, karminroten Fruchtkolben, die im September die scharlachroten Samen frei-geben.

*M. sieboldii* liebt feuchten, sauren Boden in halbschattiger Lage. Nach meinen Erfah-rungen ist die Art aber sehr bodentolerant und gedeiht durchaus auch auf kalkhalti-gen Böden (bis etwa 10 % $CaCO_3$-Gehalt), ohne Anzeichen von Chlorose zu zeigen, wenn genügend Feuchtigkeit und Halb-schatten gegeben sind.

Während die Art in meinem Arboretum im Winter 1984/85 −25 °C ohne Schaden überstand, wird aus Skandinavien berich-tet, daß sie sogar Temperaturen von −31 °C und einen Bodenfrost von 90 cm Tiefe ohne Schäden überdauert hat. Demnach müßte man *M. sieboldii* in Zone 4 bis 5 einreihen.

*M. sieboldii* kommt auch in mehreren gefülltblühenden Formen vor.

'Kwanso' aus Japan hat 22 Tepalen. 'Semi-Plena' ist nur halbgefüllt, 'Flora-Plena' da-gegen gefüllt. 'Genesis' hat größere Blüten als der Typ.

*M. × wieseneri* ist vermutlich eine Naturhy-bride aus Japan zwischen *M. sieboldii* und *M. hypoleuca*.

'Charles Coates' soll ein Zufallssämling von *M. sieboldii* × *M. tripetala* sein.

## Magnolia sinensis (Rehd. et Wils.) Stapf (syn. *M. sieboldii* ssp. *sinensis* nach Spongb.)

Stammt aus dem Westen der chinesischen Provinz Sechuan, wo sie Wilson 1908 in feuchten Wäldern, in Höhenlagen von 2300 bis 3000 m entdeckte. Er sandte Samen ins Arnold Arboretum nach Boston, von wo Jungpflanzen über Frankreich 1920 nach England kamen.

*M. sinensis* bildet einen sparrigen, bis 6 m hohen Strauch mit bis 18 cm langen und 14 cm breiten, obovaten, abgerundeten Blättern. Sie sind oberseits hellgrün, unter-seits grauseidig behaart. Die schalenförmigen Blüten sind reinweiß, 7,5 bis 14 cm im Durchmesser, haben 9 bis 12 Tepalen und auffallend karminrote Filamente. Sie erscheinen nach dem Laubaustrieb Ende Mai und im Juni an den Zweigspitzen, nicken oder hängen über. Die Fruchtzapfen werden über 7 cm lang, sind anfangs hellrosa, später braun gefärbt.

*M. sinensis* liebt saure wie auch alkalische Böden in halbschattiger, feuchter Lage. Sie ist gut winterhart und wird in US-Zone 6 gereiht. Sämlinge blühen schon mit 5 bis 7 Jahren.

*M. sinensis* ist nahe verwandt mit *M. sieboldii* – nach Spongberg nur eine Unterart davon – und *M. × highdownensis*, die als Hybride zwischen *M. sinensis* und *M. wilsonii* betrachtet wird. 'Jersey Belle' ist eine Naturhybride von *M. sinensis × M. wilsonii* und wurde 1981 registriert. Während die Hybridnatur von *M. × highdownensis* von Dr. Spongberg und anderen Fachleuten bestritten wird, dürfte es sich bei 'Jersey Belle' um eine echte Hybride handeln.

'Jersey Belle' wächst ähnlich *M. wilsonii*, aufrecht 3 bis 4,5 m hoch. Die Blätter sind ebenfalls jenen der *M. wilsonii* ähnlich, die Blüten allerdings sind viel größer und ansehnlicher, 15 bis 20 cm im Durchmesser, mit 9 Tepalen und violetten Staubfäden. Die Früchte sind eiförmig, rosa.

# Magnolia × soulangiana
Soul.-Bod. (*M. denudata × M. liliiflora*)

Die Sorten dieser Gruppe sind die Magnolien unserer Gärten und Parks, die am längsten bekannten und beliebten »Tulpenbäume«. Die ersten Kreuzungen führte Soulange-Bodin 1820 in Frankreich durch (siehe Kapitel Züchtung, Seite 18) und beschrieb sie 1831 in den Annalen des Königlichen Gartenbauinstituts in Fromont bei Paris. Er wählte aus etwa 80 Hybriden 8 Sorten aus.

Durch spätere Wiederholungskreuzungen und Rückkreuzungen mit *M. liliiflora* 'Nigra' sowie durch Sämlingsaussaaten und deren Selektion entstanden viele neue Sorten, so daß heute über 100 Sorten dieser Gruppe bekannt sind. Züchter auf der ganzen Welt bemühten sich um diese Sortenkombination, in Europa, Japan, Nordamerika und in Neuseeland.

So wie *M. × thompsoniana*, *M. × veitchii*, *M. × wieseneri* u. a. hat *M. × soulangiana* den Namen einer Art, obwohl sie, wie die anderen genannten auch, eine Hybride ist. Von Soulangiana-Hybriden sollte man daher nur sprechen, wenn diese *M. × soulangiana* mit noch anderen Arten hybridisiert wurde, z. B. mit *M. campbellii* oder *M. acuminata*. Da jedoch die Herkunft und Entstehung vieler *M. × soulangiana*-Sorten nicht geklärt ist, viele davon wohl natürliche Hybriden mit anderen Arten darstellen, ist es üblich, generell von Soulangiana-Hybriden zu sprechen.

Die *M. × soulangiana*-Sorten sind mehrstämmige, große Sträucher oder kleine Bäume mit breiten Kronen und 4 bis 6 m Höhe. Ihre Blätter sind elliptisch bis obovat, bis 20 cm lang und 12 cm breit, dunkelgrün mit hellerer Unterseite. Ihre Blüten sind groß, tulpen- oder becherförmig und erscheinen schon vor dem Laubaustrieb im April bis Mai, oft mit einer schwachen Nachblüte im Spätsommer, wenn nach längerer Trockenheit wieder ausgiebig Regen

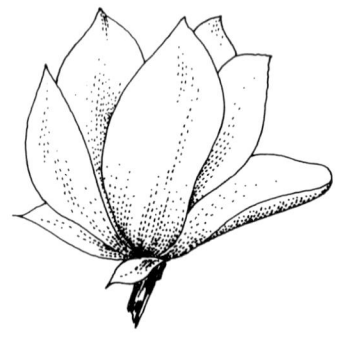

*M. × soulangiana.*

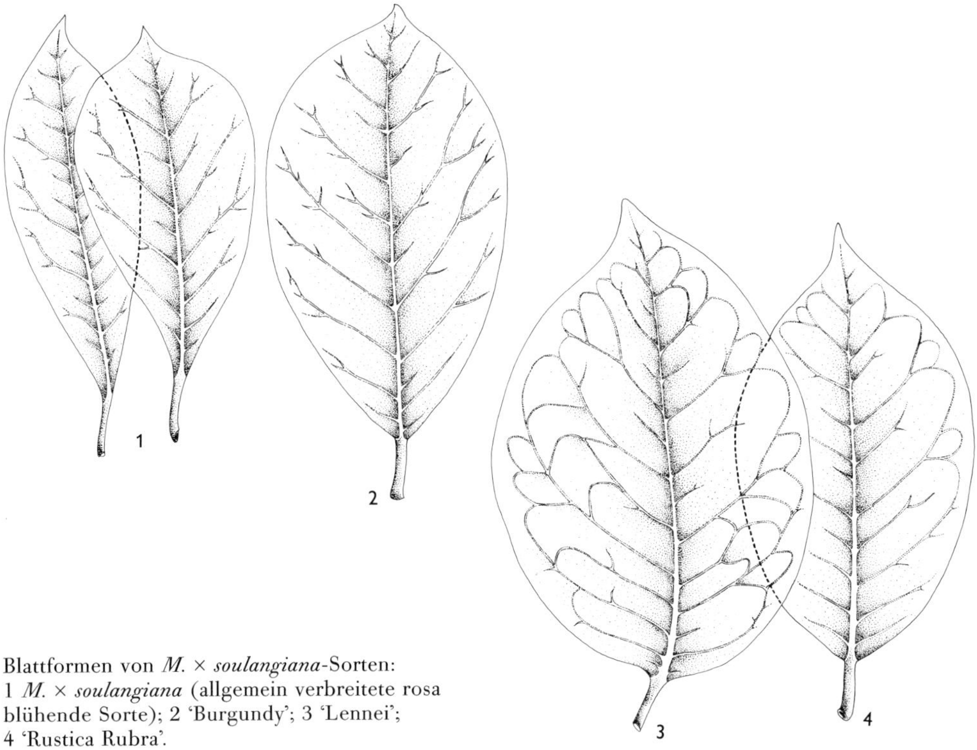

Blattformen von *M.* × *soulangiana*-Sorten:
1 *M.* × *soulangiana* (allgemein verbreitete rosa
blühende Sorte); 2 'Burgundy'; 3 'Lennei';
4 'Rustica Rubra'.

fällt. Die Blüten bestehen aus 9 breiten Tepalen in allen Nuancen von reinweiß über rosa, gestreift oder schattiert, bis dunkel weinrot. Sie duften nur schwach und nicht immer angenehm. Die Pflanzen blühen schon vom zweiten oder dritten Jahr an.

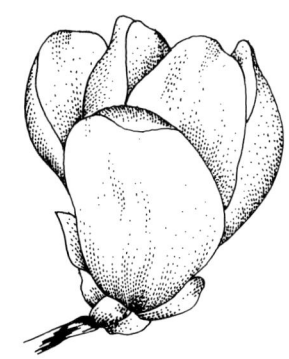

*M.* × *soulangiana* 'Rustica Rubra'.

Die *M.* × *soulangiana*-Sorten lieben feuchte, saure, tiefgründige Böden und vertragen auch etwas Kalk, solange sie genügend Feuchtigkeit haben, sonst reagieren sie bald mit Chlorose. Trockenheit vertragen sie schlecht, lieben jedoch sonnige Lage. Sie sind sehr verträglich gegenüber großer Hitze im Sommer und auch Kälte im Winter, in den USA rangieren sie bis zur Härtezone 5 (bis −29 °C). Ältere Bäume haben in unseren Breiten bisher alle strengen Winter überlebt. Nachstehend werden die empfehlenswertesten Sorten beschrieben.

### Sorten von M. × soulangiana und M.-Soulangiana-Hybriden

'Alba Superba' wächst aufrecht etwa 5 m hoch und blüht einige Tage früher als andere Soulangiana-Sorten, Mitte bis Ende

Soulangiana-Hybriden sind nach Etienne Soulange-Bodin benannt, dem ersten Magnolienzüchter in Europa. Seine Sorten werden seit langem angepflanzt und begeistern immer wieder durch ihre verschwenderische Blütenpracht. 'Alba Superba' ist eine der ältesten Soulangiana-Hybriden mit früher, weißer Blüte.

April, reinweiß mit einem rotvioletten Hauch an der Basis der äußeren Tepalen. Scheint nach Erfahrung des Autors kalktoleranter zu sein als andere Sorten dieser Gruppe. 1867 durch die Gärtnerei Van Houtte in Gent, Belgien, in den Handel gebracht. Erhielt 1969 den »Award of Garden Merit« der RHS.

'Alexandrina', aufrechter, bis 5 m hoher Baum mit hellrosa, an der Basis dunkleren, innen reinweißen, bis 11 cm großen Blüten. 1831 von der Gärtnerei Cels in Montrouge bei Paris in den Handel gebracht. Sehr ähnlich 'Norbertii', beide Sorten sehr winterhart.

'Amabilis' bringt große, fast reinweiße, duftende Blüten und ist im Wuchs *M. denudata* sehr ähnlich. 1865 von Baumann, Bolwheiler im Elsaß, in den Handel gebracht.

'Brozzonii', kleiner Baum oder Strauch von 3 bis 4 m Höhe, mit den größten Blüten aller Soulangianas, bis 25 cm breit, weiß mit

'Alexandrina' ist eine der meist gepflanzten Soulangiana-Sorten mit überreicher, rosa Blütenfülle.

'Burgundy'. Diese Soulangiana-Sorte besticht durch ihre wunderschönen, tief rosaroten Blüten. Hier bei Sir Smithers in Vico Morcote.

'Lennei' wird den Soulangiana-Sorten zugerechnet, stammt aber aus Italien. Ihre riesigen, dunkelroten Blütenkelche sind kaum zu übertreffen!

'Rustica Rubra' ist ein Sämling von 'Lennei'. Der Baum wächst aufrecht und seine Blüten sind etwas kleiner als jene von 'Lennei' und etwas heller im Rot.

rosa Anflug an der Basis der Tepalen. Blüht später und länger als andere Sorten der Gruppe, etwa Anfang bis Mitte Mai. Entstanden bei Camillo Brozzoni in Brescia, Italien. Erhielt 1929 das »First Class Certificate« der RHS.

'Burgundy' (syn. 'Purpliana'), kleiner Baum oder breiter Strauch mit tief rosaroten, bis 20 cm breiten Blüten von fester Substanz im April und Mai, die sehr wetterbeständig sind. Ist mit ihrer wundervollen Blütenfarbe eine der wertvollsten Soulangiana-Sorten! Diese Meinung teilt auch Smithers. Bei ihm haben voll blühende Bäume −2 °C bei Sturm und Regen gut überstanden. Wahrscheinlich 1930 entstanden bei W. B. Clarke in San José, Kalifornien, vielleicht als ein Sämling von 'Picture'.

'Dark Splendor' wächst kompakt mit reicher, weinroter Blüte. Amerikanische Hybride aus den 60er Jahren, entstammt einer Kreuzung von *M.* × *soulangiana* 'Rustica Rubra' × *M. liliiflora* 'Nigra'.

'Just Jean', wächst kompakt mit großen, obovaten Blättern und großen, pokalförmigen, reinrosa, an der Basis dunkelrosa Blüten. Nach 1970 als Zufallssämling bei John Gallagher in Dorset, England, gefunden.

'Lennei', wunderschöne Hybride von nur 3 bis 4 m hohem, aber sehr breitem Wuchs mit etwas hängenden Ästen. Die Blätter sind sehr groß und breit, ebenso die pokalförmigen Blüten. Diese haben 6 Tepalen, sind tief weinrot mit weißer Innenseite und erscheinen spät, erst um Mitte Mai, sie entgehen daher meist den Spätfrösten. Gut frosthart (US-Zone 5 bis 6), jedoch sehr kalkempfindlich! Entstand etwa 1840 bei G. Manetti in Monza, Italien, nach anderen Berichten bei Joseph Salvi in Vicenca, der alle Rechte an dieser Sorte dem deutschen Baumschuler Alfred Topf übertrug. Dieser benannte die Sorte nach Peter Joseph Lenné, dem damaligen Direktor des Botanischen Gartens Potsdam, *M. lenneana*, wie sie auch lange Zeit hieß. Erhielt 1863 das »First Class Certificate« der RHS.

'Lennei Alba' wächst ähnlich wie 'Lennei' und bringt sehr große elfenbeinweiße, pokalförmige Blüten. Entstand bei Froebel in Zürich, Schweiz, 1905.

'Norbertii', sehr ähnlich 'Alexandrina', mit duftenden, pokalförmigen, weißen Blüten, purpur überhaucht. Die 9 schmalen Tepalen öffnen sich 10 cm weit. Entstand um 1835 bei Cels in Montrouge bei Paris, so wie 'Alexandrina'. Erhielt den »Award of Merit« der RHS 1960.

'Rustica Rubra', hoher, aufrechter Strauch oder bis 7 m hoher Baum mit sparrigen Zweigen. Die pokalförmigen Blüten sind ähnlich jenen von 'Lennei', aber etwas kleiner und heller rosarot, 12 bis 15 cm breit, mit 6 Tepalen und 3 kleinen, kelchartigen Kronblättern. Blüht um Mitte April bis Anfang Mai. Ein Zufallssämling von 'Lennei' aus Belgien, der 1893 von Boskoop, Holland, aus bekannt wurde. Erhielt 1960 als Sorte 'Rubra' den »Award of Merit« der RHS.

'San José', sehr schöne Sorte mit rein rosa Blüten, an der Basis dunkelrosa, innen weiß, sehr reichblühend. Die halb geöffneten, vasenförmigen Blüten halten über 8 Tage lang. Entstand nach 1930 in der W. B. Clarke's Nursery in San José, Kalifornien, und wurde 1940 in den Handel gebracht.

'Speciosa', ähnlich 'San José', von aufrechtem Wuchs und weißen, purpur überhauchten Blüten und später Blütezeit. Entstand 1825 bei Cels in Montrouge bei Paris.

'Verbanica', schöne Sorte mit schalenförmigen, rein rosa Blüten, die zur Spitze hin in Weiß übergehen. Blüht sehr spät im Mai und entgeht daher den Spätfrösten. An schlechten Standorten ohne Düngung bleiben die Blüten kleiner und zeigen kein schönes Rosa. Entstand 1873 bei Leroy in Angers, Frankreich.

# Magnolia sprengeri Pamp.

Die Art wurde von dem italienischen Botaniker Renato Pampanini zu Ehren des deut-

*M. sprengeri* 'Diva'.

schen Baumschulers Carl Ludwig Sprenger (1846–1917) benannt. Wilson fand die Art 1901 in feuchten Wäldern im Süden von Ichang in der chinesischen Provinz Hupeh, wo sie Mu-Pi genannt wurde. Er sandte Samen nach England, wo in Veitch's Coombe Wood Nursery viele Sämlinge erzogen wurden. Alle bis auf eine Pflanze blühten später weiß – die heutige *M. sprengeri* var. *elongata*. Eine einzige Pflanze blühte rosa und wurde von dem Botaniker Otto Stapf in Kew Garden 'Diva' genannt, in der Bedeutung von »Goddess« (Göttin).

## M. sprengeri var. elongata
(Rehd. et Wils.) Stapf

Wächst langsam zu einem mehrstämmigen Baum von 6 bis 9 m Höhe heran mit obovaten, bis 12 cm langen und 6 cm breiten Blättern. Die cremeweißen Blüten haben 12 Tepalen, manchmal mit einem roten Fleck an der Basis. Die Blüte ist sehr schön, ähnlich kleinen Seerosen.

## M. sprengeri 'Diva' Stapf ex Johnst.
(syn. *M. sprengeri* var. *diva*)

Wächst viel stärker als die weißblühende Form und bildet bis 15 m hohe und 9 m breite, ausladende Bäume (in England). Die obovaten Blätter werden 18 cm lang und 12 cm breit und sind unterseits behaart. Die schwach duftenden, schalenförmigen Blüten erscheinen im April vor dem Laub und haben 12 Tepalen. Sie sind außen rein rosa, innen hellrosa gefärbt, mit dunkleren Linien. Ganz geöffnet, sind sie tassenförmig. Veredelte Pflanzen blühen nach 12 bis 15 Jahren, auf *M.* × *soulangiana* okulierte Bäumchen blühen schon in einer Höhe von 2 m. *M. sprengeri* 'Diva' wurde wegen ihrer außerordentlichen Schönheit viel mehr vermehrt als die var. *elongata*. Sie wurde auch für viele Kreuzungen herangezogen.

*M. sprengeri* 'Diva' liebt feuchten, sauren Boden in sonniger bis halbschattiger Lage und ist vollkommen winterhart, US-Zone 5

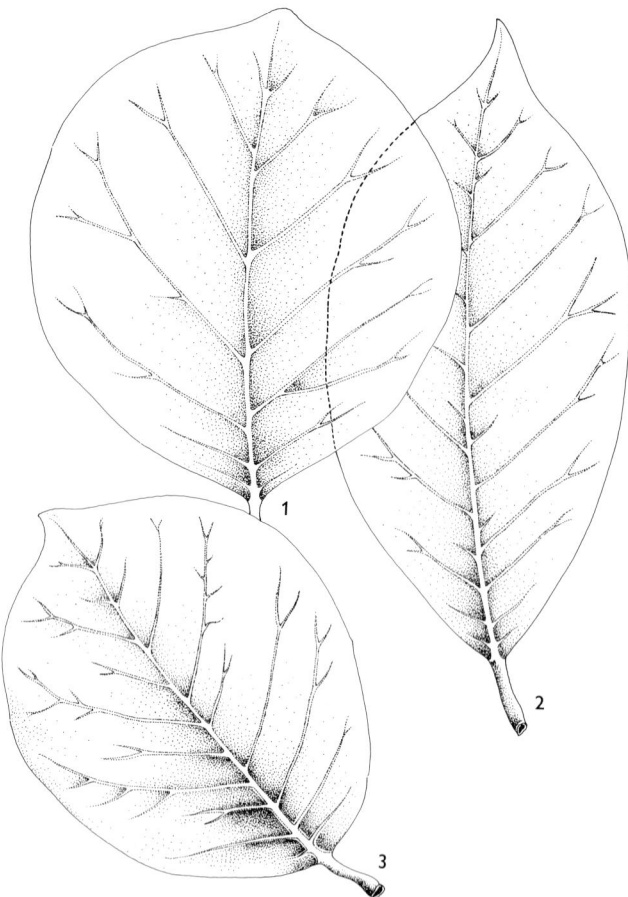

Blattformen: 1 'Pickard's Ruby'; 2 'Spectrum'; 3 'Galaxy'.

(bis –29 °C). Sie überstand in Michigan Wintertemperaturen von –18 °F (–28 °C).

Es gibt mittlerweile sowohl herrliche Sämlingsselektionen von 'Diva' als auch wundervolle Hybriden mit anderen Sorten. Nachstehend werden die besten beschrieben.

### Sorten und Hybriden von M. sprengeri

'Claret Cup' blüht rosarot, innerseits rosa. Die schweren Blüten haben 12 bis 14 Tepalen und hängen etwas. Stammt aus dem Bodnant Garden in North Wales. Erhielt den »Award of Merit« der RHS 1963.

'Copeland Court' blüht herrlich dunkelrosarot und stammt aus dem Garten des Bischofs Hunkin in Lis Escop in Truro, Cornwall. Nach dem Tod des Bischofs wurde der Garten durch die Familie Copeland in Copeland Court umbenannt.

'Eric Savill', einer der schönsten Sämlinge von 'Diva'. Die rein und tief rosaroten, innen hellrosa gefärbten Blüten übertreffen die Muttersorte 'Diva' bei weitem in der Schönheit der Farbe. Stammt aus den Savill-Gärten im Windsor Great Park.

'Lanhydrock', ein Sämling von 'Diva' mit tief rosaroten Blüten. Entstand 1969 in Trewithen Gardens in Cornwall.

*Magnolia sprengeri* 'Diva'. Diese herrliche Form
war ein Kreuzungspartner für viele, wundervolle
Hybriden. Hier ein Baum bei Dr. van Veen in
Vira, Tessin.
'Spectrum' ist eine »Schwester« von 'Galaxy',
noch schöner und dunkler im Rot, aber nicht
ganz so winterhart wie jene. Hier bei Dr. van
Veen in Vira.
'Galaxy' ist eine der wundervollsten Liliiflora-
Diva-Hybriden, die auch für unser Klima ausrei-
chend winterhart sind. Hier ein Baum bei Dr.
van Veen in Vira.

'Mary Slankard', die Blüten sind ähnlich
jenen von 'Diva', haben 9 Tepalen, die in
der unteren Hälfte rosa, in der oberen
Hälfte rein weiß sind. Der Baum blühte mit
10 Jahren. Stammt von McDaniel und wurde von Savage in Bloomfield Hills in Michigan selektiert. Savage nimmt an, daß es
sich hierbei um eine Hybride von 'Diva' mit
*M. denudata* handelt. Scheint gut frosthart
zu sein.

'Caerhay's Belle', wundervolle Hybride aus *M. sargentiana* var. *robusta* × 'Diva'. Blüht überaus reich mit großen, lachsrosa Blüten mit 12 breiten Tepalen, veredelt schon als junge Pflanze. Wächst in 10 Jahren 3 m hoch. Stammt aus Caerhay's Castle, Cornwall, 1951. Soll laut Gossler Farms in Springfield, Oregon, –23 °C aushalten.

'Galaxy', ein raschwüchsiger, mittelgroßer, straff aufrechter Baum, aus einer Kreuzung von *M. liliiflora* 'Nigra' × 'Diva' aus dem US National Arboretum Washington (D. C.), der 1980 in den Handel kam. Blüht Mitte April bis Mai, zu Beginn des Blattaustriebes, mit dunkel rosaroten, tulpenförmigen, bis 20 cm langen Blüten, schon mit 5 Jahren. Völlig frosthart, US-Zone 5 (bis –29 °C).

'Spectrum' wird ein großer, breit ausladender Strauch aus der gleichen Kreuzung und der gleichen Herkunft wie 'Galaxy', der 1984 in den Handel kam. Blüht ebenfalls schon mit 5 Jahren Mitte April bis Mai, Blüten etwas größer als bei 'Galaxy', tulpenförmig, dunkel rosarot. Ist noch schöner als 'Galaxy'. Die Frosthärte wird mit US-Zone 5 (bis –29 °C) angegeben, soll aber geringer sein als bei 'Galaxy'.

'Paul Cook', eine Hybride aus 'Diva' × *M.* × *soulangiana* 'Lennei'-Sämling mit schönen, 25 cm breiten, rosa Blüten. Diese sollen sehr witterungsbeständig sein, auch bei Spätfrösten. Stammt aus einer Kreuzung von *M.* × *soulangiana* × 'Diva' des Züchters Galyon aus Knoxville, Tennessee. Blüht schon als junger Baum und ist in Urbana, Illinois, gut winterhart.

'Legacy' ist eine Krezung von *M. denudata* × *M. sprengeri* 'Diva' von David Leach, North Madison, Ohio. Die Blüten sind 23 cm breit, mit 8 bis 11 Tepalen, außen purpurrot, innen weiß und erscheinen insgesamt rein rosa. Der Baum wächst über 8 m hoch und blüht in seiner Heimat Mitte bis Ende April. Er überstand Wintertemperaturen von –31 °C ohne Schäden. Registriert 1991.

# Magnolia stellata (Sieb. et Zucc.) Maxim. (syn. *M. kobus* var. *stellata* (Sieb. et Zucc.) Blackburn)

Die Art ist seit langem in Japan in Kultur, auch als Topfpflanze. Die ursprüngliche Heimat ist nicht sicher, die Art wird wild gefunden in den Wäldern Zentraljapans und in den Bergen des südlichen Honshu, ist aber möglicherweise als »Kulturflüchtling« aus Gärten dorthin gelangt. 1861 brachte George Hall aus Rhode Island *M. stellata* aus Japan mit, die dort »Shide-Kobushi« (Hausmagnolie) genannt wurde. Erst 10 Jahre später wurde diese Art als besonders schön und frosthart erkannt und weiter vermehrt. So kam sie auch nach England, wo in den Baumschulen Veitch in Coombe Wood 1878 die erste *M. stellata* blühte.

*M. stellata*, die Sternmagnolie, ist die schwachwüchsigste aller Magnolien und bildet einen kleinen, kompakten, dichten Strauch von höchstens 2 m, selten 3 m Höhe.

Auf *M. kobus* veredelte Pflanzen können auch höher werden. Ihre Blätter sind klein, elliptisch bis obovat, bis 10 cm lang und 5 cm breit. Die 10 cm breiten, angenehm duftenden Blüten haben 14 bis 16 schmale, schneeweiße Tepalen, die sich sternförmig öffnen und später zurückschlagen. Die Blütezeit ist sehr lange, von Ende März bis Anfang Mai. Die Pflanzen blühen schon mit 2 Jahren.

*M. stellata* gedeiht fast in jedem feuchten Boden, ist also auch etwas kalkverträglich (10 % $CaCO_3$ machen ihr nichts aus, vielleicht verträgt sie auch mehr). Die Art ist industriefest und gedeiht auch in der Stadtluft gut. *M. stellata* ist völlig frosthart (US-Zone 5, bis –29 °C), sie überstand auch bei uns die Polarwinter wie 1984/85 mit –25 °C ohne jeden Schaden. Die Sorte 'Royal Star' hält angeblich sogar Temperaturen von –37 °C aus.

## Sorten und Hybriden von M. stellata

'Centennial', ein Sämling von *M. stellata* 'Rosea' aus dem Arnold Arboretum der Havard Universität in Boston, die 1943 als »verbesserte 'Waterlily'« beschrieben wurde. Sie hat große, reinweiße Blüten mit einem Durchmesser von 14 cm und 28 bis 32 Tepalen.

'Chrysanthemumiflora', beste Sorte der gefüllt blühenden Stellatas, mit chrysanthemenähnlichen Blüten, weiß oder auch rosa.

'Dawn', ein Zufallssämling von Harold Hopkins in Bethesda, Maryland, 1974, mit dicht gefüllten, tief rosa Blüten und 38 bis 45 Tepalen.

'Goldstar' entstammt einer Kreuzung von *M. cordata* 'Miss Honeybee' × *M. stellata* und hat hellgelbe »Stellata-Blüten«. Wird angeboten von der Lakehaven Nursery in Wisconsin, USA.

'Norman Gould', eine polyploide Kulturform aus den RHS-Gärten in Wisley, Woking, Surrey, die Janaki Ammal um 1950 durch Colchizin-Behandlung erzielte. Die Blüten sind schneeweiß, mit breiten Tepalen und 15 cm Durchmesser, der Wuchs ist kompakt, mit kurzen, breiten Blättern. Die Originalpflanze war nach 35 Jahren 5 m hoch. Erhielt das »First Class Certificate« der RHS 1967. Nach den Forschungen von Kehr handelt es sich hierbei, wie auch bei der Sorte 'Janaki Ammal' um eine polyploide *M. kobus*-Sorte.

'Rosea', Blüten mit 14 Tepalen, rosa überhaucht, aber bald verblassend. Alte Pflanzen blühen besser rosa. Es gibt Herkünfte aus Japan und aus den USA, letztere blühen dunkler rosa.

'Royal Star', ein Sämling einer *M. stellata* 'Waterlily' aus der Baumschule John Vermeulen in Long Island, 1947. Sie wächst gut und bringt große, weiße Blüten mit 25 bis 30 Tepalen. Völlig frosthart, angeblich bis −37 °C!

'Rubra' stammt aus Japan und wächst sehr schwach. Bringt karminrosa Blüten von 10 cm Durchmesser mit 15 schmalen Tepalen. Die Blüten duften gut und sind besser gefärbt als jene von 'Rosea' oder 'Rosea King'.

'Scented Silver', ein Sämling der Sorte 'Green Star' von Galyon aus Knoxville, Tennessee, mit reinweißen Blüten und dem »stärksten und feinsten Zitronenduft aller asiatischen Magnolien«.

'Waterlily' stammt aus England. Die Blüten haben etwa 32 Tepalen, sind größer als beim Typ, weiß oder rosa überhaucht, gut duftend. Blüht 1 bis 2 Wochen später als *M. stellata*. Mehrere Typen im Handel.

# Magnolia × thompsoniana (Loud.) C. de Vos (*M. virginiana* ♀ × *M. tripetala* ♂)

Zufallssämling aus der Baumschule Archibald Thompson in Mile End, London, der sich unter einer größeren Anzahl von *M. virginiana*-Sämlingen 1808 aus frischem Saatgut aus Nordamerika befand.

*M.* × *thompsoniana* bildet einen großen, buschigen Strauch oder kleinen Baum, der in milden Wintern einen Großteil seines Laubes behält. Die Blätter werden bis 25 cm lang und 12 cm breit, an blühenden Zweigen etwas kleiner. Blüht in England Ende April bis Mai und bringt den ganzen Sommer über weitere Blüten. Die Blüten sind dreimal so groß wie jene von *M. virginiana* und hell primelgelb, die Blütenknospen sind schmal und spitz. Die Blüten haben 9 Tepalen, außerdem einen »falschen Kelch« aus 3 äußeren Kronblättern, die schmäler und dünner sind, bald braun werden und bei der Öffnung der Blüten abfallen. Die Blüten duften angenehm wie jene von *M. virginiana*.

Der Baum ist in England völlig winterhart. In den USA überstand die Art angeblich Temperaturen von −31 °C, nach anderen Angaben ist sie nicht so hart wie ihre Eltern.

'Norman Gould' wird als *M. stellata*-Sorte gehandelt, stellt aber eine polyploide Form von *M. kobus* dar. Sie hat größere, schönere Blüten als *M. kobus*, wächst viel schwächer und blüht schon als kleine Pflanze gut.

'Urbana' entstammt einer Kreuzung, die McDaniel an der Agricultural Experiment Station in Urbana, der Universität von Illinois, vornahm, wobei er 1960 die Hybridisierung von *M. × thompsoniana* mit einer harten, nördlichen Form von *M. virginiana* als Mutterpflanze wiederholte. Den besten Sämling davon nannte er 'Urbana'. Diese Sorte wächst stärker als *M. × thompsoniana* und hat größere, dunkler grüne Blätter. Sie hat in Urbana im Winter 1962/63 Temperaturen von –14 °F (–25,6 °C) ohne Schaden überstanden.

# Magnolia tripetala L.
## Schirmmagnolie

Die Schirmmagnolie stammt aus den Bergwäldern Nordamerikas, den Appalachen und Ozark Mountains, den Allegheny Bergen von Pennsylvania bis Florida, Arkansas und Missouri. Sie wächst dort in feuchten Flußtälern und an niederen Berghängen

bis in 650 m Höhe. Sie wurde 1752 von dem Farmer und Botaniker Bartram aus Pennsylvania nach England gebracht.

*M. tripetala* wächst zu einem aufrechten, oft mehrstämmigen, bis 12 m hohen Baum heran, dessen aufstrebende Triebe jährlich 60 bis 90 cm wachsen. Seine großen, bis 50 cm langen und 25 cm breiten, obovaten Blätter sind an der Basis und am oberen Ende zugespitzt. Sie stehen schirmartig gehäuft an der Spitze der Neutriebe.

Die nicht sehr auffälligen, cremeweißen Blüten sind schmal vasenförmig und erscheinen nach dem Blattaustrieb Ende Mai und Juni. Sie haben normalerweise 12 Tepalen (6 bis 16) und öffnen sich bis 20 cm weit, um dann rasch abzufallen. Die falschen Kelchblätter sind viel kürzer und grünlich. Die Blüten riechen eher unangenehm. Die hübschen Früchte sind walzenförmig, rosarot und zierend, bis 10 cm lang.

Der Baum blüht erst in einem Alter von etwa 8 Jahren. Er verlangt feuchten, sauren Boden in sonniger bis halbschattiger, windgeschützter Lage. Bei starkem Wind leiden die großen, dünnen Blätter sehr. Die Art ist völlig frosthart, US-Zone 4 (bis –34 °C).

### Sorten und Hybriden von M. tripetala

'Bloomfield', eine Selektion von Philip J. Savage jr., die er 1974 aus Samen aus Pennsylvania erzog. Sie hat bis 70 cm lange und 30 cm breite Blätter, größere Blüten sowie weiß bis hellrosa gefärbte Früchte.
'Woodlawn' wurde 1974 von McDaniel in Woodlawn Cemetery in Urbana, Illinois, selektiert und zeichnet sich durch ansehnliche, 12 cm lange und 5 cm breite, glänzend rote Fruchtzapfen aus.
Von *M. tripetala* gibt es einige Hybriden wie 'Charles Coates' (*M. sieboldii* × *M. tripetala*), *M. × thompsoniana* (*M. viginiana* × *M. tripetala*) und 'Silver Parasol' (*M. hypoleuca* × *M. tripetala*).

'Rosea' ist eine besonders liebliche, rosa blühende Form der Sternmagnolie.

Diese letztere Hybride hat sehr schöne, bis zu 25 cm breite, duftende Blüten, ähnlich jenen von *M. hypoleuca*. Den Namen »Silver Parasol« bekam die Sorte ihrer silbrigen Rinde wegen.

'Charles Coates' entstand vermutlich 1946 als Zufallshybride in den Baumschulen des Royal Botanic Garden in Kew aus einer Verbindung von *M. tripetala* mit *M. sieboldii*. Sie wurde nach ihrem Entdecker Charles F. Coates benannt. Die Sorte steht in der Mitte zwischen ihren Eltern, wächst breit aufrecht, etwa 9 m hoch und 6 m breit in 25 Jahren. Ihre Blätter stehen wie bei *M. tripetala* an den Zweigenden gehäuft, werden bis 27 cm lang und 14 cm breit, sind oberseits blaugrün und an der Basis lang keilförmig zugespitzt. Die cremeweißen, duftenden Blüten stehen aufrecht und werden flach schalenförmig bis 18 cm breit. Sie er-

*Magnolia tripetala*. Die Schirmmagnolie hat ihren Namen von ihren auffällig schirmartig gehäuften, großen Blättern an den Triebenden. Ihre Blüten sind nicht sehr imposant und verwelken rasch.

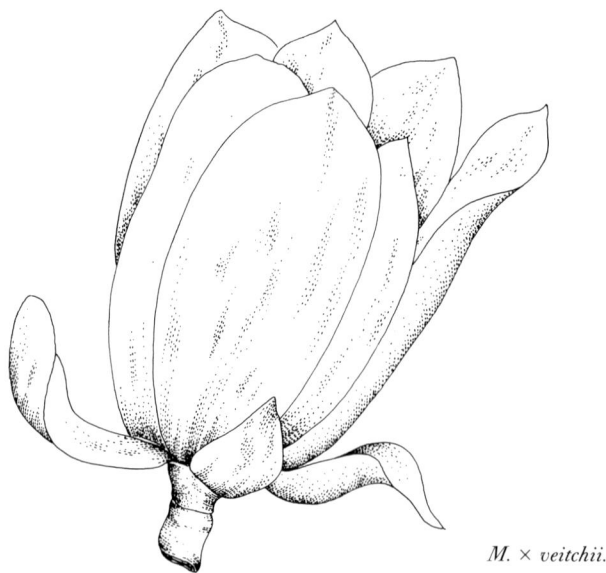

*M. × veitchii.*

scheinen im Mai bis Juni, haben 8 Tepalen, wovon die 3 äußeren kelchartig ausgebildet sind. Ähnlich wie *M. sieboldii* zeigen die Blüten einen Ring auffälliger, hellroter Filamente. *M.* 'Charles Coates' liebt sauren Boden im Halbschatten und ist sehr frosthart, US-Zone 6 (bis −23 °C). Die Sorte blühte erstmalig 1958 und erhielt 1973 den »Award of Merit« der RHS.

## Magnolia × veitchii Bean (*M. campbellii* ♀ × *M. denudata* ♂)

1907 bestäubte Peter Veitch in den Robert Veitch Nurseries in Exeter, England, Blüten einer rosa blühenden *M. campbellii* mit Pollen von *M. denudata*. Daraus entstanden einige wundervolle Hybriden, die nach 16 Jahren erstmalig blühten. Die Bäume wachsen stark, werden mittelgroß bis groß und haben umgekehrt birnenförmige, im Austrieb rötliche Blätter, bis 30 cm lang und 18 cm breit. Das Holz ist spröde und leidet bei Sturm und Regen oft sehr. Die großen Blüten erscheinen schon vor dem Laub, Mitte April.

*M. × veitchii* liebt feuchte, eher saure Böden in Sonne oder Halbschatten. Sie ist wesentlich frosthärter als *M. campbellii*, verlangt aber doch milde, geschützte Lagen. US-Zone 7 (bis −18 °C).

### Sorten von M. × veitchii

'Peter Veitch', die rosa blühende Form; die Blüten sind kelchförmig mit 9 Tepalen.
'Isca', blüht weiß und weniger reich als 'Peter Veitch'. Beide Sorten blühen veredelt nach 7 bis 10 Jahren.
'Rubra', ein Sämling von James S. Clarke aus San José, Kalifornien, von einer frei bestäubten Blüte der Sorte 'Peter Veitch'. Die Blüten sind dunkler rosa und öffnen sich weiter als bei 'Peter Veitch'. Die Pflanzen blühen schon nach 5 bis 7 Jahren und sind frosthärter als die vorgenannten, in den USA eingereiht in Zone 6 (bis −23 °C)! 'Rubra' war ein Elternteil der berühmten Gresham-Hybriden (siehe Seite 48).

# Magnolia virginiana L.
## (Sweet Bay Magnolia)

Die Heimat dieser Art sind die Küstenebenen des östlichen Nordamerika zwischen Massachusetts und New York, als auch in Georgia und Florida, in Texas, Arkansas und Tennessee. Aus ihrer Rinde stellten die Ureinwohner der sumpfigen Gebiete einen Auszug her zur Behandlung von chronischem Rheumatismus sowie eine Medizin gegen Husten, Erkältungen und Fieber.

*M. virginiana* war die erste Magnolie, die nach England eingeführt wurde. Der Missionar John Bannister sandte schon 1688 Pflanzen nach London zu Henry Compton, Bischof von London und der amerikanischen Kolonien.

Der große, oft mehrstämmige Strauch oder Baum bevorzugt feuchte, oft sumpfige Lagen auf Sand oder tiefgründigem Lehm in vorwiegend saurem Milieu, in Gebieten mit heißen Sommern. In Kultur wird auch etwas Kalk vertragen. Im Norden gedeiht die Art zumeist als langsamwüchsiger, großer Strauch, der das Laub im Winter abwirft. Im Süden wächst sie baumförmig und ist immergrün. McDaniel vom Departement of Horticulture der University of Illinois unterscheidet zwischen der nördlichen Form *M. virginiana* var. *virginiana* und der südlichen *M. virginiana* var. *australis*. Die Blüten der letzteren blühen 3 Wochen später und duften stärker nach Zitronen, auch der Austrieb ist später. In England wächst *M. virginiana* zu einem großen Strauch bis 9 m Höhe heran.

Die Blätter von *M. virginiana* sind 7 bis 12 cm lang, glänzend grün und an der Unterseite bläulichweiß. Junge Blätter sind unterseits oft seidig behaart, auch die Winterknospen sind behaart. Die Blütezeit von *M. virginiana* ist Ende Juni und im Juli, einzelne Blüten erscheinen bis in den September hinein. Die Pflanzen blühen oft schon mit 3 bis 4 Jahren, leider halten die Blüten nur 2 Tage. Diese sind cremeweiß, kugelförmig, 5 bis 6 cm im Durchmesser und duftend. Sie haben zumeist 8 Tepalen und 3 bis 4 kelchartige, grünliche, äußere Kronblätter. Die dunkelroten Fruchtzapfen mit den glänzendroten Samen werden vor-

*M. virginiana.*

wiegend in der Heimat ausgebildet. Die nördlichen Herkünfte von *M. virginiana* sind sehr frosthart, US-Zone 5 (bis –29 °C).

Treseder empfiehlt *M. virginiana* als die beste, immergrüne Magnolie für kleine Gärten, mit wundervoll nach Rosen und Zitronen duftenden Blüten und schönem Laub.

**Sorten und Hybriden von M. virginiana**

'Havener', ein Klon von McDaniel mit halbgefüllten, cremegelben Blüten.
'Hensel' hat größere Blüten als die Art und große Fruchtzapfen mit 3 bis 5 Samen je Karpell.
'Henry Hicks', besonders winterhart und auch kälteresistent im Laub, der Klon soll bis –27 °C aushalten.
'Mayer', eine kleinbleibende, strauchige Form mit schmalen Blättern, die oft schon mit 2 Jahren blüht.
'Ridgecrest Green', ein neuerer Sämling von *M. virginiana* var. *australis* aus der Tom Dodd Nursery in Mobile, Alabama, der sehr frosthart sein soll. Er zeigte bei –12 °F (–24 °C) keine Schäden und ist beständig

immergrün mit den typischen Blüten von *M. virginiana*. Selektiert von Larry Lowman, Ridgecrest Nursery, Wynne, Arkansas. 'Satellite' soll ebenfalls sehr frosthart sein und hat kleine, nach Zitronen duftende Blüten.
'Willowleaf Bay', eine sehr frostharte Selektion von Lowman, die –24 °C ohne Schäden überstand. Ihre schmalen Blätter stehen an den Zweigenden gehäuft, die Blütezeit ist sehr lange.
Mit *M. virginiana* wurden auch einige Hybriden erzielt, wie die Freeman-Hybriden (*M. virginiana* × *M. grandiflora*) und *M.* × *thompsoniana* (*M. virginiana* × *M. tripetala*) (siehe jeweils dort).

# Magnolia × wieseneri Carr. (syn. *M. watsonii* Hook. f.; *M. hypoleuca* × *M. sieboldii*)

Diese Hybride scheint schon sehr lange in Japan zu existieren, wobei zwei Herkünfte verbürgt sind, die auf der Weltausstellung in Paris 1889 vorgestellt wurden. Eine da-

*M.* × *wieseneri.*

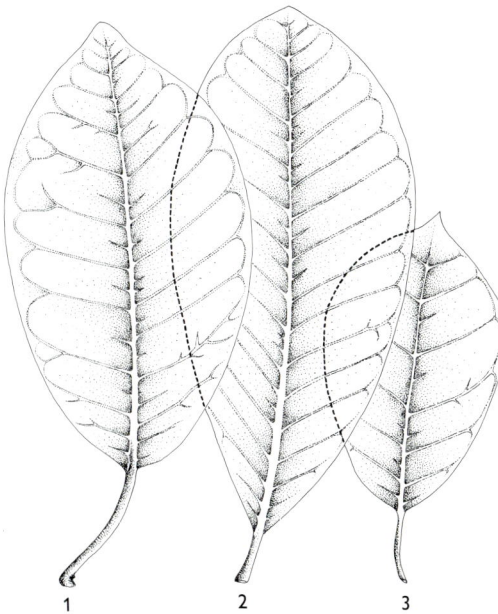

Blattformen von *M. × wieseneri* und ihren Eltern: 1 *M. × wieseneri;* 2 *M. hypoleuca;* 3 *M. sieboldii.*

von stammte vom Royal Botanic Garden in Kew und wurde von Hooker 1891 *M. watsonii* genannt, so hieß die Pflanze dann bis 1976. Etwas früher, 1890, beschrieb der französische Botaniker Carrière eine *M. × wieseneri,* die anstatt roter weiße Filamente hatte, und benannte sie nach dem Pariser Grundbesitzer M. Wiesener, der sie auf der Ausstellung eines japanischen Baumschulers erstanden hatte. Sie wurde später als Sämling der gleichen Eltern identifiziert und Spongberg revidierte dann 1976 den Namen und gab der Erstbeschreibung durch Carrière den Vorrang.

*M. × wieseneri* zeigt die besten Merkmale beider Eltern. Sie bildet buschige, mehrstämmige, bis 6 m hohe Bäume mit langen Ästen, ihre Blätter sind 15 bis 25 cm lang und 6 bis 9 cm breit, ledrig, oberseits hellgrün mit eingesunkenen, gelben Adern und etwas gewelltem Rand. Die Blüten sind doppelt so groß wie jene von *M. sieboldii,* stehen jedoch aufrecht, anfangs kugelförmig, später schalenförmig, mit 9 bis 12 elfenbeinweißen Tepalen. Die 3 äußeren

*Magnolia wilsonii* wächst zu einem mehrstämmigen Baum oder breiten Strauch von bis zu 7,5 m Höhe heran und ist gut winterhart. Typisch sind die hängenden Blüten.

Tepalen sind oft rosa bis lila getönt und Kelchblättern ähnlich. Die rosaroten Staubfäden stehen in einer dichten Rosette, aus welcher der hellgrüne Zapfen mit den Narben herausragt. Die Blüten duften stark und angenehm nach Orangen oder Ananas, die Ansichten sind da geteilt.

Die Blütezeit ist von Anfang Juni bis Mitte Juli, bei älteren Bäumen erscheinen auch weiterhin immer wieder neue Blüten. Der Baum blüht schon als ganz junge Pflanze und dürfte sehr bodentolerant sein. Er ist zudem völlig frosthart. In Michigan und North Manchester, Indiana, überstand er Wintertemperaturen von –29 °C ohne Schaden. US-Zone 5 (bis –29 °C). *M.* × *wieseneri* erhielt 1917 den »Award of Merit« der RHS.

# Magnolia wilsonii
## (Fin. et Gagnep.) Rehd.

Diese Art wurde 1904 von Wilson in Wäldern und Dickichten in Westsechuan in einer Höhe über 2100 m entdeckt, sie gedeiht aber auch in Kansu und Nordyunnan. *M. wilsonii* unterscheidet sich von *M. sieboldii* durch ihren schlankeren Wuchs, schmälere, dunkelgrüne Blätter und größere, mehr hängende Blüten. Die Jungtriebe sind anfangs von einem hellbraunen Haarfilz bedeckt, im zweiten Jahr wird die Rinde dunkelbraun.

*M. wilsonii* wächst zu einem mehrstämmigen Baum oder breiten Strauch von bis zu 7,5 m Höhe heran, seine elliptischen bis lanzettförmigen Blätter werden bis 18 cm lang und 10 cm breit. Die Blattunterseite ist anfangs von einem hellbraunen Filz bedeckt, später erscheint sie silbrig. Die duftenden, schalenförmigen Blüten sind schneeweiß, 10 cm breit und haben 9 Tepalen sowie einen Kranz rosaroter Filamente. Zur Blütezeit im Mai und Juni bieten sie einen hübschen Anblick. Die 10 cm langen Fruchtzapfen sind anfangs auffällig rosa gefärbt und werden bei der Reife braun.

*M. wilsonii.*

*M. wilsonii* liebt feuchte, schattige oder halbschattige Lagen und verträgt auch kalkhaltigen Boden. Sie ist gut winterhart, US-Zone 6 (bis –23 °C). Eine Pflanze in Wakehurst Place Gardens in Sussex erhielt 1932 das »First Class Certificate« der RHS.

# Magnolia zenii Cheng

Eine in Kultur noch kaum bekannte, aber interessante Art. Sie wurde 1931 von Chien P'ie am Mount Paohua bei Nanking, Kiangsu, China, in Wäldern in einer Höhe von 850 bis 1000 m entdeckt. 1980 kamen Samen dieser Art ins Arnold Arboretum zu Spongberg.

Der Baum wird bei aufrechtem Wuchs 4 bis 7 m hoch, seine Blätter ähneln jenen von *M. kobus*, sind obovat, 7 bis 15 cm lang und 2 bis 7 cm breit. Die stark duftenden, vasenförmigen Blüten erreichen 12 cm im Durchmesser, haben 6 bis 9 spatelförmige, weiße Tepalen, die außen an der Basis, zur Spitze hin auslaufend, weinrot gezeichnet sind. Die Blüte erscheint schon sehr früh im März, etwa 2 Wochen vor den Blüten von *M. denudata*, *M. kobus* und *M. stellata*. Die zylindrischen Fruchtzapfen werden bis 7 cm lang.

*M. zenii* scheint gut frosthart zu sein. Ihre extrem frühe Blüte ist leider spätfrostgefährdet. Weitere Erfahrungen mit dieser Art liegen noch nicht vor.

# Verwendung in Gärten und Parks

Während *M.* × *soulangiana* mit ihren Sorten schon seit langem überall in Mitteleuropa eingeführt und bekannt sind, sieht man andere Arten und Sorten auch heute noch selten. Am ehesten trifft man noch die Sternmagnolie *(M. stellata)* und die Purpurmagnolie *(M. liliiflora)* an. Es gibt aber heute so viele herrliche und auch harte Hybriden, daß es wirklich an der Zeit scheint, auch diese phantastischen Blütengehölze mehr zu beachten und zu pflanzen. So eignen sich vor allem die Sorten und Hybriden von *M. stellata* und *M. liliiflora* für kleine Gärten, wenn diese über einen einigermaßen guten, feuchten Boden verfügen und nicht in rauhen Gebieten liegen. Beachten Sie die Beschreibungen der »8 kleinen Mädchen«; sie sind ideale Sorten für kleine Gärten.

Für größere Gärten finden wir unter den Gresham- und Pickard-Hybriden wundervolle Blütenbäume, aber auch die *M.-sprengeri*-Sorten und die neuen, gelb blühenden Hybriden von *M. acuminata* sind durchaus empfehlenswert.

Für alle Magnolien wähle man einen freien Stand im Rasen, sie sind am schönsten als Solitäre frei ausgepflanzt, wenngleich die kleinen *M. stellata*-Sorten auch ins Blumenbeet passen. Der Stand im Rasen kommt auch den flachstreichenden Wurzeln zugute, weil diese dort nicht durch Umgraben und Harken gestört werden. Einige Arten ergeben auch wundervolle Alleen, wie *M. kobus* oder *M. acuminata*. Am Glacis in Graz in der Steiermark kann man eine *M.-kobus*-Allee bewundern. Sie bietet zur Blütezeit im April einen bezaubernden Anblick!

Die Sternmagnolie, *M. stellata*, paßt ihres schwachen und langsamen Wuchses wegen auch in Blumenbeete, wie sie sich überhaupt im offenen Boden wohler fühlt als im Rasen. Natürlich darf man keine zu hohen Blütenstauden dazupflanzen, die den kleinen Strauch bald »erschlagen« würden. Sehr gut macht sich da in halbschattiger Lage eine Vorpflanzung mit Elfenblumen *(Epimedium)*, dem Riesensteinbrech *(Bergenia)* oder verschiedenen Primeln. Die Sternmagnolie verträgt sich außerdem gut mit Bodendeckern wie *Erica*- und *Calluna*-Arten, *Pachysandra* oder *Paxistima*. Aber auch kleine, niedrige Sträucher machen sich gut in der Nähe dieser kleinen Magnolie. In Frage kommen der Waldseidelbast *(Daphne mezereum)*, oder die zierliche Scheinhasel *(Corylopsis pauciflora)*, die etwa zur gleichen Zeit wie die Sternmagnolie blüht. Niedrige Azaleen, besonders die kleinblütigen japanischen Azaleen sowie die kleinen, immergrünen *Rhododendron*-Impeditum- und *R.*-Repens-Hybriden geben gute Nachbarn für die Sternmagnolie ab. Der saure, humose Boden, den diese Pflanzen brauchen, kommt auch der Sternmagnolie zugute, die nicht gerade kalkliebend ist, wenngleich sie etwas kalkhaltige, neutrale Böden verträgt.

Die Purpur- oder Lilienmagnolie ist etwas Besonderes für kleine Gärten. Ihre phantastische Blütenfarbe mit einem tiefen dunkelrot an der Außenseite und fast weißem Inneren kommt bei der Sorte *M. liliiflora* 'Nigra' zum Ausdruck, der einzigen Sorte dieser Art, die seit Jahren bei uns angeboten wird. Weitere Vorzüge von *M. liliiflora* sind der wundervolle Zitronen-

*Magnolia stellata.* Die Sternmagnolie ist eine Art für den kleinen Garten. Mit ihrem schwachen Wuchs und ihren frühen, duftenden Blütensternen eignet sie sich für ein Plätzchen nahe am Haus.

duft ihrer Blüten, ihr dunkelgrünes, glänzendes Laub sowie die späte und lange Blütezeit, die sie aus der Spätfrostgefahr heraushält. Die Purpurmagnolie wird größer als die Sternmagnolie, bleibt aber mit 2 bis 3, höchstens 4 m Höhe und Breite im Rahmen, den ein kleiner Garten erlaubt. Meine 'Nigra' erreichte nach 20 Jahren 3,5 m Höhe und 4 m Breite, viel mehr wird sie auch anderswo kaum erreichen. Anfangs wächst diese Art sehr langsam, und es bedarf Geduld, bis ein ansehnlicher, vollblühender Strauch daraus wird. Es blühen aber bereits ganz junge Pflanzen schön.

Zur Purpurmagnolie passen alle Stauden und Zwerggehölze, die auch als Partner der Sternmagnolie dienen, sofern man den Strauch nicht lieber in den freien Rasen pflanzt. Es ist aber zu bedenken, daß diese Art doch größer wird als die Sternmagnolie und die dazugepflanzten Partner etwas Abstand haben müssen, sollen sie nicht mit der Zeit überdeckt und geschädigt werden. Außerdem ist ein späteres Ausgraben der Partner sehr gefährlich für die Magnolie (siehe Kapitel Pflanzung und Pflege, Seite 101). Schattenverträgliche Bodendecker wie Efeu, Dickmännchen *(Pachysandra)*

*Magnolia liliiflora.* Die Purpurmagnolie ist die ideale Magnolie für kleine Gärten, völlig winterhart und zugleich die dunkelroteste Art aller Magnolien. Hier die Sorte 'Nigra', die für viele wundervolle Züchtungen als Kreuzungspartner fungierte.

oder Elfenblume wachsen auch unter ihrer Krone gut. Lichtbedürftige Pflanzen, wie die Heidekräuter, Azaleen und Zwergrhododendren, sind aber gleich an den Rand des späteren Kronenumfanges zu pflanzen.

Ebenso wie die Purpurmagnolie sind die wunderschönen De Vos- und Kosar-Hybriden zu verwenden, Kreuzungen von *M. stellata* mit *M. liliiflora,* die einen ähnlichen Wuchs aufweisen wie letztere. Einige dieser »Kleinen Mädchen« wachsen schlanker und dafür höher als *M. liliiflora,* bleiben aber mit gut 4 m Höhe auch in Grenzen.

Sehr zu Unrecht vernachlässigt wird *M. sieboldii,* die wie die ihr sehr ähnlichen Arten *M. sinensis* und *M. wilsonii* keine so spektakulären Sträucher darstellen wie die tulpenblütigen Magnolien. *M. sieboldii* bleibt strauchförmig, wird kaum über 3 m hoch, erreicht aber mit ihren breit ausladenden Ästen gut 4 m Breite. Ihre porzellanweißen, nickenden Blütenglocken wirken mit den leuchtend roten Staubblättern überaus apart, ihre späte und länger als einen Monat andauernde Blütezeit sowie ihr auffallender, karminroter Fruchtschmuck im Spätsommer sind die großen Vorzüge dieser Art.

Allerdings behindern die flachwachsenden und tiefhängenden Zweige der drei genannten Arten ein Zusammenpflanzen mit anderen Gehölzen. Hier bleiben nur Bodendecker wie Efeu oder Dickmännchen, die sich im Schatten ihrer lockeren Krone wohl fühlen. Man kann diese Magnolien aber auch vor eine höhere Hecke pflanzen oder in eine Gruppe von nicht zu mächtigen Sträuchern wie Hartriegelarten, Goldglöckchen *(Forsythia)* oder Blasenspiere *(Physocarpus),* die die Magnolie aber nicht überwuchern dürfen. Etwa 3 m Abstand sind daher erforderlich. Ein Platz in der freien Rasenfläche wird aber immer noch die beste Lösung sein, wobei die Siebold-Magnolie auch in halbschattiger Lage gut gedeiht und blüht und ferner sehr bodentolerant ist.

Die vielen anderen, in diesem Buch beschriebenen Magnolienarten und -sorten sind jedoch ausgesprochene »Solitärgehölze«. Sie sollten also immer frei und unbedrängt von anderen Pflanzen in der Wiese stehen. Nur so können sich diese märchenhaften Gewächse optimal entwickeln und kommen zur Blütezeit auch entsprechend zur Geltung. Arten, die zu großen Bäumen heranwachsen, wie *M. kobus, M. acuminata* mit ihren Hybriden, *M. hypoleuca* oder die Schirmmagnolie *M. tripetala* eignen sich auch als »Hausbaum«, als solcher sicher eine Besonderheit. Bei den großblättrigen Arten, vor allem bei *M. tripetala,* ist jedoch ein windgeschützter Standort erforderlich, sonst werden die Blätter arg zerzaust.

Da Magnolien am besten in freiem, sonnigem Stand wirken, sind sie die Lieblinge der Parkgestalter. Auch im großen Garten sollten Magnolien nicht fehlen, wenn er weitläufig geplant ist und größere Rasenflächen aufweist. Weiß, gelb oder hellrosa blühende Sorten wirken natürlich am besten vor dunklem Hintergrund, vor einem Fichtenwald oder vor einer Taxushecke. In Gärten in Hanglagen pflanzt man Magnolien so, daß man von oben in die blühenden Kronen sehen kann, eine phantastische Wirkung auf jeden Betrachter. Mit ihrem schönen, derben Laub sind die Magnolien aber auch außerhalb der Blütezeit schöne Parkbäume.

Auch vor hohen Mauern wirken Magnolien großartig, sie verdecken mit ihren dichten Kronen die nicht immer schönen Wände und lockern diese in angenehmer Weise auf. Sommergrüne und früh blühende Magnolien sollte man jedoch nicht zu südseitigen Mauern setzen, sie würden dort durch die Sonnenerwärmung zu früh austreiben und wären bei Spätfrösten doppelt gefährdet. Sommerblüher, vor allem aber die immergrüne *M. grandiflora* sind für südseitige Mauern gut geeignet, ihr Holz und ihre Knospen werden dort gut ausreifen und besser über den Winter kommen.

## Wuchshöhen-Tabellen

| 1 bis 2 Meter | *M. stellata*<br>*M. stellata* 'Centennial'<br>*M. stellata* 'Chrysanthemumi-<br>flora'<br>*M. stellata* 'Dawn'<br>*M. stellata* 'Rosea'<br>*M. stellata* 'Rubra'<br>*M. stellata* 'Waterlily' | 'Spectrum'<br>*M. sprengeri* 'Caerhay's Belle'<br>*M. sprengeri* var. *elongata*<br>*M.* × *thompsoniana*<br>*M. virginiana* var. *virginiana*<br>'Wada's Memory'<br>*M.* × *wieseneri*<br>*M. wilsonii*<br>*M. zenii* |
|---|---|---|
| 2 bis 4 Meter | *M. grandiflora* 'Harold Poole'<br>*M. grandiflora* 'Little Gem'<br>*M. liliiflora* mit allen Sorten<br>»8 Little Girls«<br>*M.* × *loebneri* 'Ballerina'<br>*M.* × *loebneri* 'Encore'<br>*M.* × *loebneri* 'Snowdrift'<br>'Norman Gould'<br>*M. sieboldii*<br>*M.* × *soulangiana* 'Lennei'<br>*M. stellata* 'Royal Star'<br>*M. stellata* 'Waterlily' | |
| | | 7 bis 10 Meter: *M. acuminata* var. *subcordata*<br>'Charles Coates'<br>*M. dawsoniana*<br>*M. fraseri*<br>*M. fraseri* var. *pyramidata*<br>*M. grandiflora* (übrige Sorten)<br>*M. hypoleuca* (auch höher)<br>Jury-Hybriden<br>*M.* × *kewensis*<br>*M. kobus* var. *kobus*<br>*M.* × *loebneri* 'Merrill'<br>*M.* × *loebneri* 'Spring Snow'<br>*M.* × *loebneri* 'Star Bright'<br>*M. macrophylla*<br>*M. sprengeri* var. *elongata*<br>*M.* × *veitchii*<br>*M. virginiana* var. *australis* |
| 4 bis 7 Meter | *M. cylindrica*<br>*M. denudata* (bis max. 9 m)<br>Freeman-Hybriden<br>'Galaxy'<br>*M. grandiflora* 'St. Mary'<br>Gresham-Hybriden<br>*M.* × *highdownensis*<br>*M.* × *loebneri* 'Leonard Messel'<br>*M.* × *loebneri* 'Neil McEacharn'<br>*M. macrophylla* ssp. *ashei*<br>Pickard-Hybriden<br>'Picture'<br>*M.* × *proctoriana*<br>*M. sinensis*<br>*M.*-Soulangiana-Hybriden<br>(außer 'Lennei') | |
| | | über 10 Meter: *M. acuminata*<br>*M. biondii*<br>*M. campbellii*<br>*M. hypoleuca*<br>*M. kobus* var. *borealis*<br>*M. officinalis*<br>*M. salicifolia*<br>*M. sargentiana* var. *robusta*<br>*M. sprengeri* 'Diva'<br>*M. tripetala* |

*M. × soulangiana* entwickelt sich im freien, geschützten Stand zu prächtigen Exemplaren.

In Naturgärten und Parkanlagen mit einheimischen Gehölzen werden Magnolien natürlich deplaziert sein, denn sie wirken doch sehr exotisch! Wo aber Tulpenbäume, Trompetenbäume *(Catalpa)*, Blauglockenbäume *(Paulownia)* und Roßkastanien gepflanzt werden, haben sicher auch Magnolien ihre Berechtigung, vor allem die schönlaubigen und nicht so auffälligen Sorten der Gurkenmagnolie *(M. acuminata)*. Die reine Art blüht ganz unscheinbar und wirkt nur durch ihr schönes, großes Laub. Ihre gelbblühenden Hybriden je-

doch sind schon sehr zu empfehlen. Sie sind völlig winterhart und kalkverträglich und blühen aufgrund ihrer späten Blüte bei oder nach dem Laubaustrieb (mit Ausnahme von 'Elizabeth'), doch nicht so spektakulär wie die bekannten tulpenblütigen Sorten unserer Gärten. Auch die Kobushi-Magnolie *(M. kobus)*, deren weiße, frühe Blüte im April nicht sehr lange anhält, ergibt einen schönen, großkronigen, völlig winterharten Parkbaum mit buchenähnlichem Laub und ockerbrauner Herbstfärbung.

# Pflanzung und Pflege

## Klimatische Voraussetzungen

In ihren asiatischen Heimatländern bevorzugen die Magnolien, soweit diese für unser Klima in Frage kommen, feuchte Wälder, wo sie mit anderen laubabwerfenden Gehölzen und Koniferen zusammen gedeihen. Sie lieben einen eher kühlen, feuchten, humusreichen Boden mit vorwiegend leicht saurer bis nahezu neutraler Reaktion. Kleinere Arten wie *M. stellata* kommen auch in offenen, sumpfigen Lagen vor. In Nordamerika gedeihen die Magnolien ebenfalls in feuchten, tiefgründigen Böden an Flußufern und Teichen sowie an tiefer liegenden Berghängen.

Das Klima, in dem Magnolien gut gedeihen, sollte ausgeglichen sein, nicht allzu heiß im Sommer, nicht zu kalt im Winter, wobei mit Ausnahme der empfindlichen Arten –10 °C überhaupt nichts ausmachen. Nach eigenen Erfahrungen und Berichten aus verschiedenen Ländern sind die meisten der derzeit bekannten Arten und Hybriden wesentlich härter und toleranter, als man allgemein annahm. Wichtig scheint vor allem ein langer, warmer Sommer und Herbst zu sein, damit das Holz und die Knospen gut ausreifen können, dann ergeben auch winterliche Tiefsttemperaturen von –15 bis –20 °C kaum Probleme.

Wenn der Boden nicht zu alkalisch ist, die Reaktion also im Bereich von pH 5,5 bis pH 7 liegt und die Niederschläge wenigstens 700 mm im Jahr betragen, steht einer Anpflanzung von Magnolien nichts im Wege. Günstig ist es natürlich, wenn die Niederschläge gleichmäßig über die Vegetationszeit verteilt fallen. Lange Trockenperioden beeinträchtigen das Wachstum sehr, vor allem, wenn sie im Frühsommer eintreten. Trocknis im August und September macht weniger aus, hierbei reift das Holz sogar besser aus.

Dazu muß man noch sagen, daß die Lage windgeschützt und die Temperaturgegensätze abgemildert sein sollten. Offene, windige Lagen mit im Winter kalten und strengen Ostwinden oder Lagen mit kühlen Sommern und kurzer Vegetationszeit, wie dies in Höhenlagen oder auch in rauhen Gebirgstälern der Fall ist, sind für Magnolien ungeeignet. Bei schlechter Ausreife des Holzes und der Knospen kann es bei –10 °C schon Schäden geben, ebenso, wenn die Pflanzen durch zu hohen pH-Wert unter Chlorose leiden.

Als ursprüngliche Waldpflanzen lieben Magnolien eher leichte, abwechselnde Beschattung als pralle Sonne. Diese wird jedoch vertragen, wenn ausreichende Bodenfeuchte, zusagende Azidität und windgeschützte Lage gegeben sind. Allzu schattige Lagen sind nicht günstig, sie erschweren durch zu niedrige Sommertemperaturen das Ausreifen des Holzes und wirken sich nachteilig auf die Blütenbildung aus. Im Wald sterben die unteren Äste allmählich ab, während die oberen Kronenpartien in voller Sonne die meisten Blüten bringen. Das ist auch im Garten zu berücksichtigen. Steht die Krone in voller Sonne, bleiben die unteren Äste erhalten und der Baum blüht an der ganzen Krone. Doch muß, wie schon gesagt, die nötige Bodenfeuchte gegeben sein.

## Winterhärte

Die Winterhärte ist bei den Magnolien sehr
verschieden. So vertragen, abgesehen von
den tropischen Arten, vor allem *M. campbellii* und ihre Hybriden am wenigsten Kälte-
grade. In Südengland und Irland sowie in
den klimatisch begünstigten Teilen von
Mitteleuropa, wie im Tessin oder in Südti-
rol gedeiht *M. campbellii* gut. Dort gibt es
auch selten Wintertemperaturen von weniger als –5 bis –10 °C, wobei –10° normalerweise nur ganz kurzzeitig auftreten. Die *M.
campbellii*-Tochter *M. × veitchii* verträgt
schon eher –10 bis –12 °C, darunter ist aber
auch diese Art empfindlich. Je mehr Blut
von harten Sorten eingekreuzt wurde, um
so kälteresistenter werden auch die Pflanzen. Die Gresham-Hybriden z. B., die ja nur
zu einem Viertel *M. campbellii*-Blut enthalten, erwiesen sich in den USA und in ver-
suchsweisen Anpflanzungen in Mitteleuropa schon bedeutend härter und dürften
Mindesttemperaturen von –17 °C und vielleicht auch noch mehr aushalten, vorausgesetzt natürlich, daß das Holz gut ausgereift
ist.

Es ist leider schwer, für die neueren
Magnolienhybriden, die vorwiegend aus
den USA kommen, für Mitteleuropa gültige
Winterhärteangaben zu machen, weil diese
Sorten bisher in Deutschland oder in
Österreich kaum gepflanzt wurden. In Südengland und im Tessin haben viele dieser
herrlichen Neuzüchtungen schon Temperaturen von –15 bis –17 °C überstanden,
ohne Schäden zu zeigen. Allerdings waren
sie solchen Temperaturen nur kurze Zeit
ausgesetzt. Erfahrungen der nächsten Jahrzehnte werden zeigen, inwieweit sich die
neuen Sorten auch in unserem Klima bewähren.

Bei den Arten und Hybriden, die in unseren Ländern schon seit Jahrzehnten kultiviert werden, kennen wir uns hingegen
gut aus. Allgemein vertragen sie alle bis
–20 °C und vielfach auch noch tiefere Tem-

peraturen, zumindest kurzzeitig, wenn, wie
gesagt, eine gute Holzreife gegeben ist und
keine Chlorose die Pflanzen schwächte.
Auch durch Hagelschlag geschädigtes Holz
ist natürlich frostgefährdet. Auf die oft er-
staunlichen Unterschiede in der Frosttoleranz wird bei der Beschreibung der Arten
und Sorten hingewiesen. So erwies sich
z. B. *M. × soulangiana* 'Lennei' im extremen
Winter 1984/85 mit Temperaturen um
–25 °C als deutlich frostempfindlicher als
die üblichen rosablühenden *M.*-Soulangia-
na-Hybriden. Diese waren wieder empfind-
licher als *M. × soulangiana* 'Alba Superba',
die praktisch unbeschädigt diesen Winter
überlebte. Ältere Magnolien sind auch immer frosthärter als junge Pflanzen, die man
über Winter schützen sollte.

## Winterhärtezonen

Da die winterlichen Mindesttemperaturen
für das Gedeihen der Gehölze neben anderen klimatischen Faktoren den größten
Ausschlag geben, wurden in den USA
schon lange Karten mit den Winterhärtezonen erarbeitet. Die letzte, bis heute gültige
Veröffentlichung wurde vom US Depart-
ment of Agriculture erstellt und als Plant
Hardiness Zone Map (USDA Map) veröffentlicht. Sie erschien 1965 und wurde 1972
nachgedruckt. Diese Karte weist 10 Zonen
auf, die in Halbzonen a und b unterteilt
sind. Sie umfassen zwischen den Zonen 2
und 9 gleichmäßige Abstufungen von 10 °F
(5,6 °C). Dieser Karte liegt das mittlere
jährliche Minimum der Lufttemperatur
(t min J) zugrunde. Dieses wird errechnet,
indem von den verschiedenen Wetterstatio-
nen im Land im Verlaufe vieler Jahre die
alljährlichen Tiefsttemperaturen 2 m über
dem Boden gemessen, summiert und durch
die Anzahl der Beobachtungsjahre divi-
diert werden.

Für Europa gab es lange keine oder nur
örtlich begrenzte Karten (z. B. für Schwe-
den) mit den Winterhärtezonen. Heinze

und Schreiber haben solche Winterhärtezonen erarbeitet, die in den Mitteilungen
der Deutschen Dendrologischen Gesellschaft Nr. 75 (1984) veröffentlicht wurden.
Die Autoren gingen von den Angaben der
USDA Map aus und übernahmen die Temperaturgrenzen dieser Karte für Europa.
Für Mitteleuropa wurde eine detaillierte
Karte erstellt, wobei die Zonen noch in a
und b unterteilt wurden. Die Zonengren-
zen ergeben sich hier bei 2,8 °C (5 °F). Eine
derartige Karte wurde auch für Deutschland erstellt, inklusive der ehemaligen
DDR. Diese Karten umfassen die Zonen 5b
bis 8b, innerhalb welcher ganz Mitteleuropa eingestuft werden kann, mit Ausnahme
der Hochgebirgslagen, in welchen jedoch
ohnehin keine Gehölze gedeihen können.

Aufgrund unzähliger Angaben verschiedener Autoren und Meßstationen glauben
Heinze und Schreiber, daß sich die Temperaturzonen ihrer Karte mit jenen der US-
Karte vergleichen lassen. Selbstverständlich sind alle diese Zonen, vor allem aber
die Zonen 5 bis 8 mit entsprechenden Aus-
nahmefällen behaftet, wie sie uns die extremen Winter 1928/29, 1939/40, 1955/56,
1962/63 oder 1984/85 vor Augen geführt
haben. Es kann also durchaus sein, daß
beispielsweise in Zone 7a, die hier mit
Minimumtemperaturen von –17,7 bis
–15,0 °C angegeben ist, nach etwa 30 Jahren ein Winterfrost von –25 bis –30 °C auftritt und dann an verschiedenen Gehölzen
entsprechende Schäden eintreten.

Auch sind kleinklimatische Gegebenhei-
ten zu beobachten. So ist es ja allgemein
bekannt, daß Hanglagen, selbst höhere,
weniger frostgefährdet sind als Tal- und
Kessellagen. So kenne ich Himalaja-Ze-
dern, Arizona-Zypressen und Araucarien,
die in 700 m Höhe in der Steiermark noch
nie Schäden aufwiesen, während die gleichen Arten in nebenan liegenden Tallagen
im Winter 1984/85 erfroren sind. Die kalte
Luft fließt talwärts ab, wodurch sie sich in
den höheren Lagen nur kurzzeitig aufhält,

im Tal hingegen aufstaut und Kälteseen
bildet, die oft tagelang liegen bleiben und
dann Schäden an empfindlichen Gehölzen
verursachen.

Auch ist die Schneelage von großer Bedeutung, Kahlfröste von –10 °C sind für
manche Gehölze weit weniger zu ertragen
als Temperaturen von –20° bei guter
Schneelage. Besonders bei den Magnolien
sind die fleischigen, flach liegenden Wurzeln sehr frostempfindlich und werden oftmals ärger geschädigt als das Kronengerüst. Daher ist hier eine gute Schneedecke
vor Eintritt strenger Fröste der beste Win-
terschutz. Unmittelbar oberhalb der
Schneedecke können die Temperaturen
durch die Abstrahlung jedoch etwas tiefer
sein. Daher findet man nach strengen Wintern oft erfrorene Zweige und Knospen im
bodennahen Bereich, während die oberen
Kronenteile unbeschädigt sind.

Große Wasserflächen wirken tempera-
turmildernd, besonders dann, wenn diese
nicht zufrieren. Sie können die winterlichen Tiefsttemperaturen deutlich abschwä-
chen, wie dies ja auch an der Atlantikküste
der europäischen Länder der Fall ist, wo
der wärmere Golfstrom das Klima der kü-
stennahen Gebiete ganz erheblich beein-
flußt. Aber auch schon Wasserflächen wie
der Bodensee wirken sich frostmildernd
aus. Daher sprechen wir gerne von der
»Tropeninsel« Mainau, obwohl von tropischen Verhältnissen hier keine Rede ist.

Auf all diese kleinklimatischen Tempera-
turschwankungen kann eine Karte der
Winterhärtezonen natürlich nicht eingehen. Dazu müßten noch viel detailliertere
Karten für kleine klimatische Räume erstellt werden, wie Heinze und Schreiber
sich dies auch vorgenommen haben. Bei
allen Angaben von Winterhärtezonen bei
der Beschreibung der Arten kann man davon ausgehen, daß in der kältesten, noch
für ein Gehölz annehmbaren Zone eine
Überlebenswahrscheinlichkeit von 80 %
gegeben ist.

Winterhärtezonen für Gehölze in Europa.

Winterhärtezonen für Gehölze in Mitteleuropa.

## Winterhärtezonen und deren Temperaturbereiche mittlerer jährlicher Minimumtemperatur ($t_{min\,J}$)

| Zone | °F | °C |
|------|------|------|
| 1 | < -50 | < -45,5 |
| 2 | -50 bis -40 | -45,5 bis -40,1 |
| 3 | -40 bis -30 | -40,0 bis -34,5 |
| 4 | -30 bis -20 | -34,4 bis -28,9 |
| 5 | -20 bis -10 | -28,8 bis -23,4 |
| 6 | -10 bis  0 | -23,3 bis -17,8 |
| 7 | 0 bis +10 | -17,7 bis -12,3 |
| 8 | +10 bis +20 | -12,2 bis - 6,7 |
| 9 | +20 bis +30 | - 6,6 bis - 1,2 |
| 10 | +30 bis +40 | - 1,1 bis + 4,4 |
| 11 | > +40 | > + 4,4 |

Die Frosthärte eines Gehölzes ist keine gleichbleibende Größe. Wie schon ausgeführt, ist das vorangegangene Sommer- und Herbstwetter maßgeblich für eine gute Ausreifung des Holzes. Auch tritt mit Beginn der kalten Jahreszeit eine Frosthärtung der Kronenteile ein, die um so besser ausfällt, je allmählicher die Kälte zunimmt. Plötzliche, starke Kälteeinbrüche im November und Dezember verursachen daher oft ärgere Schäden als viel tiefere Temperaturen zu einem späteren Zeitpunkt im Januar und Februar.

Die bei der Beschreibung der Arten und Sorten angegebenen Temperaturzonen bedeuten die niedrigsten Temperaturgrenzen, die die betreffenden Pflanzen noch vertragen. Bei höheren Temperaturen gedeihen diese Magnolien natürlich auch oder zumeist besser. Diese Winterhärtezonen sind bei allen Arten und Hybriden angegeben, soweit sie zu eruieren waren. Die amerikanischen Angaben wurden (z. B. von Gardiner) übernommen und von °F in °C umgerechnet.

# Boden

Der Boden für Magnolien sollte nicht zu schwer und tonhaltig sein, bei Nässe nicht verkitten, bei Trockenheit nicht reißen. Ein mittelschwerer Lehmboden, der gut wasserdurchlässig und humusreich ist, stellt das beste Substrat für Magnolien dar. Sand kann der Boden jede Menge enthalten, reine Sandböden jedoch sind nur bei genügender Grundfeuchte und Humusbeimengung geeignet. Allzu leichte und rasch austrocknende Sandböden sind zu vermeiden. Wichtig ist auch, daß der Boden tiefgründig ist, damit die Pflanzen eine oder mehrere Pfahlwurzeln ausbilden können, die sowohl der Versorgung mit Wasser als auch der Standfestigung dienen.

Karge, flachgründige oder steinige Böden, die rasch austrocknen und wenig Nährstoffe enthalten, sind für Magnolien ungeeignet. Lange, sommerliche Trockenperioden sind ebenso schädlich wie stauende Nässe. Wichtig ist, daß der Boden mit genügend Feuchtigkeit in den Winter kommt. Kleinere Pflanzen wird man vorteilhaft im Spätherbst mit einer dicken Laubdecke über dem Wurzelbereich gegen Austrocknung und Kahlfröste schützen.

Magnolien sollten in ihrer Jugend flott wachsen. Gutes Jugendwachstum bürgt für eine gute Ausbildung der Wurzelkrone und sichert den Pflanzen eine ausreichende Zufuhr von Wasser und Nährstoffen (Der Wurzelkörper ist das Spiegelbild der Krone). Flottes Wachstum kann natürlich nur in nährstoffreichen Böden stattfinden. So sind ehemalige Wiesenflächen, die der Futtergewinnung dienten, und daher regelmäßig mit Viehdünger oder Mineralsalzen versorgt wurden, für Magnolien gut geeignet, ebenso wie auch Ackerböden.

Da Magnolien zum guten Gedeihen viele Nährstoffe brauchen, wird man den Boden nach mehreren Jahren aufdüngen müssen, nicht jedoch im Pflanzjahr. Der Dünger ist sparsam zu verwenden und beschränkt sich vor allem auf den Bereich der Kronentraufe. Am besten bringt man im Herbst, gleichmäßig verteilt, gut verrotteten Rinderdung auf, der durch Superphosphatgaben von etwa 30 g/m² ergänzt wird. Hat man keinen Naturdünger zur Verfügung, muß man sich mit Mineraldüngern begnügen, wobei alkalische Dünger wie Kalkammonsalpeter oder Thomasmehl zu vermeiden sind.

Man streut am besten im Herbst etwa 30 bis 50 g/m² eines Volldüngers oder eines P-K-Mischdüngers und ergänzt diesen im Frühjahr durch die gleiche Menge eines neutral oder sauer wirkenden Stickstoffdüngers wie Ammonsulfat oder Harnstoff. Sehr gut bewähren sich langsam wirkende Dauerdünger wie etwa Osmocote und Osmocote plus, die mehrere Monate lang eine gleichmäßige Düngerzufuhr gewährleisten. Gut ernährte Pflanzen sind widerstandsfähiger und, was das Kali betrifft, auch frosthärter. Vorsicht ist nur beim Stickstoff geboten. Ein Zuviel an Stickstoff kann die Holzausreife verzögern und damit die Frostgefährdung erhöhen. Stickstoffgaben sind keinesfalls später als im Juni zu verabreichen. Wo die Pflanzen ohnehin gut wachsen, wird man mit dem Stickstoffdünger sparsamer umgehen.

## Acidität

Der Säuregrad des Bodens wird in pH-Werten ausgedrückt. Sie entsprechen dem negativen Logarithmus der Wasserstoffionenkonzentration. pH-Werte von 1 bis 7 kennzeichnen den sauren Bereich, pH 7 den neutralen und pH-Werte über 7 bis 14 den alkalischen Bereich.

Die meisten Magnolien lieben einen pH-Wert des Boden von 5,5 bis 6,8, wobei oft auch pH-Werte bis 8 vertragen werden, wenn der Boden ständig feucht, tiefgründig und humushaltig ist. Im allgemeinen stellt aber ein neutraler Boden (pH 7) für die Magnolien den obersten, noch zulässigen Bereich dar.

Die meisten Magnolienarten sind kalkempfindlich und reagieren bei Kalkgehalten des Bodens über 5 % mit Chlorose. Diese stellt eine schwere Schädigung der Pflanzen dar und vermindert sowohl das Wachstum wie den Blütenansatz und die Frosthärte. Als besonders kalkempfindlich haben sich von den härteren Arten folgende erwiesen: *M. × soulangiana, M. fraseri, M. hypoleuca* und *M. tripetala*. Diese Arten gedeihen nur in saurem oder nahezu kalkfreien Boden gut. Wesentlich kalktoleranter sind hingegen *M. liliiflora, M. sieboldii, M. sinensis, M. wilsonii* und *M. stellata*. Bei Kalkgehalten bis zu 10 % und pH-Werten von 7 oder knapp darüber gedeihen noch gut *M. kobus, M. × loebneri, M. acuminata* mit ihrer var. *subcordata* sowie besonders die immergrüne *M. grandiflora*, die selbst noch mit trockeneren Böden vorlieb nimmt (Diese Angaben basieren zum Teil auf eigenen Erfahrungen). Für kalkreiche Böden sind daher die Arten *M. acuminata* und *M. kobus* als Veredlungsunterlagen zu bevorzugen, damit werden auch die aufgepfropften Edelsorten kalkverträglicher.

Die leider nicht ganz frostharte Art *M. grandiflora* gedeiht auch noch in stärker kalkhaltigen Böden wie in Löß- und Lehmböden mit bis zu 20 % kohlensaurem Kalk, vorausgesetzt, der Boden ist genügend feucht und durchlässig. Die frostempfindlicheren Arten wie *M. campbellii* und ihre Hybriden oder *M. sargentiana* sind nach Angaben verschiedener Autoren kalkfeindlich. Dies ist bei der Standortwahl zu bedenken (Behandlungsmöglichkeiten der Chlorose siehe im Kapitel Krankheiten und Schädlinge, Seite 104).

# Pflanzung

Magnolien pflanzt man am besten im Frühjahr, von März bis Ende April, in gut vorbereiteten Boden. Die Pflanzstelle sollte mit viel organischem Material verbessert werden, mit Lauberde, verrottetem Kompost oder wenigstens mit Torfmull. Gepflanzt wird am besten mit Topfballen, zumindest aber mit einem festen Wurzelballen, wodurch das Anwachsen sehr erleichtert wird. Die Wurzeln werden dabei kaum beschädigt und trocknen auch nicht aus. Sollte eine Pflanzung ohne Ballen notwendig sein, ist der Wurzelschnitt auf das nötigste zu beschränken, denn die fleischigen Wurzeln faulen sonst leicht und die Schnittstellen verheilen schwer.

Bei Pflanzung aus dem Container, also mit Topfballen, werden die Wurzeln zumeist gar nicht beschädigt, außerdem ist die Pflanzung fast jederzeit möglich, wenngleich man auch hierbei die Pflanzung im Frühjahr, Frühsommer oder im zeitigen Herbst vornehmen sollte. Ein weiterer Vorteil dabei ist, daß die Wurzelpilze, die Mykorrhiza, ebensowie wie bei Ballenpflanzung erhalten bleiben. Diese Mykorrhiza versorgt bei vielen Gehölzen die Pflanzen mit den notwendigen Nährstoffen und ersetzt weitgehend die Wurzelhaare. Der Pilz bekommt dafür von der Pflanze Zucker aus dem absteigenden Saftstrom und so ist beiden Teilen gedient.

Ein Nachteil der Pflanzung aus dem Container ergibt sich bei mehrjährigen Pflanzen, deren Wurzeln im Kreise wuchsen. Diese Wurzelringe müssen bei der Pflanzung »abgewickelt« und eventuell zurückgeschnitten werden, damit sich die neuen Wurzeln nach allen Seiten ausbreiten können. Es kann sonst passieren, daß die Pflanzen später umfallen, weil sie auf einer Wurzelspirale stehen. Daher sollten Magnolien nicht jahrelang im Container gehalten werden.

Trockene Wurzelballen stellt man für mehrere Stunden oder über Nacht ins Wasser. Die Pflanzen sollen nicht tiefer in den Boden kommen, als sie in der Baumschule standen. Da sich gut gelockerter Boden nach dem Eingießen setzt, sind die Magnolien etwas höher zu pflanzen, sie sinken

dann ohnehin wieder ein. Zum Eingießen und späteren Gießen stellt man einen Erdwall um den Wurzelbereich her.

Eine Pflanzung der Magnolien im Herbst ist auch möglich, aber nur mit Ballen und nicht zu spät im Jahr. Am besten pflanzt man Ende September bis Mitte oder Ende Oktober, wobei die Blätter entfernt werden sollten. Nur bei Pflanzung mit Topfballen, wobei die Wurzeln nicht beschädigt werden, kann das Laub an der Pflanze bleiben.

Es ist günstig, nur junge Magnolien zu pflanzen, sie wachsen wesentlich leichter an als größere, mehrjährige Pflanzen. Nach der Pflanzung und auch noch später ist für ausreichende Wässerung zu sorgen, bis nach 3 bis 4 Jahren die Magnolien gut eingewurzelt sind. Bei Ballenpflanzung ist es wichtig, nach dem Setzen das Ballentuch oben zu öffnen oder den Knoten zu durchschneiden. Die neuen Ballentücher bestehen aus Kunstfasern, die nicht verrotten und später in den Wurzelhals einwachsen und die Pflanze abwürgen würden. Früher waren die Ballentücher aus Jute, die in einem Jahr verrotteten. Das aber war für die Baumschulen ungünstig, weil die nicht verkaufte Ware nach dem Einschlag in der nächsten Saison nachballiert werden mußte. Desgleichen sind auch Drahtgitter (bei größeren Ballen) nach der Pflanzung oben zu öffnen und die Drähte auseinander zu biegen. In einigen Jahren verrostet der Draht im Boden und stellt dann keine Gefahr für die Pflanze mehr dar.

Die Krone neu gepflanzter Magnolien wird nicht beschnitten, beschädigte und gebrochene Zweige werden entfernt, ebenso nach innen wachsende oder sich überkreuzende Zweige. Größere Schnittstellen oder Beschädigungen der Rinde verstreicht man mit einem Wundverschlußmittel (z. B. Bayleton Rindenwundverschluß, Kambisan, Lac Balsam oder Baumwachs). Baumteer darf nur auf den Holzkörper aufgebracht werden, nicht auf frisch angeschnittene Rindenteile (Bast).

Der Wurzelhals ist bei den Magnolien sehr empfindlich gegenüber Verletzungen. Oft genügen schon kleine Rindenverletzungen, daß der Stamm zu »bluten« beginnt und diese Wunden dann nicht mehr verheilen. Der Baum kann daraufhin sogar absterben. Man schneidet Verletzungen sofort mit einem scharfen Messer nach und verstreicht sie wie oben beschrieben.

Nach der Pflanzung geben wir über die Pflanzscheibe eine gute Decke aus Gras, verrottetem Laub oder auch Stroh, um die Austrocknung des Bodens im Wurzelbereich zu verhindern und das Unkrautwachstum möglichst zu unterbinden. Im Winter, besonders in den ersten 4 bis 5 Jahren, ist der Boden um die Pflanze mit einer dicken Schicht aus Laub oder Stroh vor dem Durchfrieren zu schützen, was vor allem in schneearmen Wintern wichtig ist. Die fleischigen Wurzeln der Magnolien sind ziemlich frostempfindlich und ohne Schneedecke friert der Boden manchmal bis zu 50 cm tief durch. Die Wurzeln sind frostempfindlicher als das Kronengerüst.

pflanzen, daher bedenke man die Setzung der Erde nach dem Wässern. Gewässert wird mit weichem Wasser, am besten mit Regenwasser. Der Wurzelhals soll in der Folge nicht zu feucht gehalten werden, auch darf bei der Wässerung kein Sumpf entstehen – die beschädigten Wurzeln könnten sonst leicht faulen. Anschließend ist die Krone zu verjüngen, etwa um ein Viertel bis ein Drittel und mittels schräg eingeschlagener Pfähle oder mit Seilen gut zu verankern. Der Wind darf den Baum im Wurzelbereich nicht bewegen, sonst können die neuen Wurzeln schwer Fuß fassen.

Bei Bäumen, die älter als 10 Jahre sind, verteilt man die Umpflanzung auf 2 Jahre. Im ersten Frühjahr hebt man einen 10 cm breiten Graben rund um den künftigen Wurzelballen aus und füllt diesen mit Lauberde oder Torfmull wieder zu. Dann wird gut gewässert. Über Sommer bilden sich viele Faserwurzeln. Im zweiten Frühjahr sticht man den Ballen mitsamt dem neuen Wurzelfilz heraus und verpflanzt ihn.

## Umpflanzung

Soll eine ältere Magnolie umgepflanzt werden, hat dies mit der größten Sorgfalt zu geschehen. Die Umpflanzung nimmt man im zeitigen Frühjahr vor, im März bis April, sobald der Boden offen ist. Der Wurzelballen muß je nach Alter der Pflanze groß genug sein. Um den künftigen Ballen herum sticht man mit einem scharfen Spaten einen Graben aus und untergräbt den Ballen in 30 bis 40 cm Tiefe schräg nach innen, ohne daß der Ballen vorläufig umfällt. Dann wird ein feinmaschiges, unverzinktes Drahtgeflecht (Hasengitter) herumgelegt und fest zugezogen. Dann erst hebt man den Ballen heraus und bringt ihn sofort in die gut vorbereitete, neue Pflanzgrube. Diese muß genügend groß sein, daß rundherum neue, lockere Erde nachgefüllt werden kann. Man darf Magnolien nicht zu tief

## Entwicklungspflege

Magnolien sind vorwiegend Flachwurzler, obgleich sie auch Pfahlwurzeln ausbilden. Daher ist jedes Umgraben unter der Krone und darüber hinaus zu unterlassen. Man würde dabei allzu viele Wurzeln abstechen oder verletzen und die Pflanze würde darunter leiden. Darum ist auch von vorne herein ein genügend großer Kronenraum für die Pflanzen einzuplanen. Müßte man später zu dicht an der Magnolie stehende Sträucher entfernen, wäre dies mit einer argen Wurzelbeschädigung verbunden. Johnstone empfiehlt in diesem Fall sogar, diese Sträucher nur abzuschneiden, weil durch das Ausgraben im Wurzelbereich der Magnolie diese sogar eingehen kann! Freier Stand im Rasen sagt den Magnolien am besten zu, wobei man nur in den ersten 4 bis 5 Jahren eine »Baumscheibe«

offen hält, um die Wurzelkonkurrenz der Gräser auszuschalten. Diese wird nur flach geharkt, die Unkräuter reißt man mit der Hand heraus. Später ist eine Baumscheibe nicht mehr nötig, das Gras darf bis zum Stamm wachsen, weil die Wurzeln der Magnolie ohnehin schon weiter draußen liegen. Stehen kleinbleibende Arten wie *M. stellata* im Blumenbeet, ist der Boden um die Pflanzen auch nur flach zu harken und niemals umzugraben!

## Schnitt

Zu schneiden gibt es bei den Magnolien wenig. Der Schnitt beschränkt sich auf ein Auslichten allzu dicht stehender oder sich überkreuzender Äste und Zweige im Winter (nach Ansicht einiger Autoren im Frühsommer) sowie auf das laufende Entfernen abgestorbener oder gebrochener Kronenteile. Die Schnitte sind immer am Astansatz auf »Astring« zu führen, niemals dürfen Aststummel stehen bleiben. Diese würden nicht verheilen und die Stummel würden bis in den Stamm zurücktrocknen. Dies könnte zu großen Faulstellen oder Ausmorschungen führen und bedeutet eine Gefahr für jeden Baum!

Durch Sturm oder Schnee gebrochene Äste entfernt man entweder ganz oder bis zu einem guten, unterhalb der Bruchstelle stehenden Seitenast, der nach außen weisen muß. Der Schnitt ist dabei schräg zum Seitenast zu führen und wie alle Schnittstellen, gut zu verstreichen.

Größere Äste entfernt man mit 2 Schnitten. Den ersten Schnitt führt man etwa 30 cm oberhalb der notwendigen Schnittstelle durch, dann entfernt man mit einem zweiten Schnitt den Stummel. So verhindert man ein Ausschlitzen der schweren Äste und vermeidet große Wunden.

## Verjüngung

Es ist durchaus möglich, Magnolien zu verjüngen. Dies kann notwendig werden, wenn der Baum zu groß geworden ist oder wenn mehrere starke Äste durch Schneedruck gebrochen sind. Verjüngungsschnitte werden immer im Winter durchgeführt, vom Laubfall bis Ende Februar, bevor die Blütenknospen schwellen. Man wählt einen der Kronenform entsprechenden Abwurfwinkel, daß sich die neue Krone naturgemäß aufbauen kann. Bei flachkronigen Bäumen wird dieser Winkel etwa 120° betragen, bei steil wachsenden Kronen 90° oder auch weniger. Ein guter Wundverschluß der nicht ausgefransten Schnittwunden ist selbstverständlich.

Wichtig ist die Nachbehandlung beim Neuaustrieb. Schwache, dicht stehende oder auch ins Kroneninnere wachsende Triebe entfernt man in jungem Zustand. Ansonsten läßt man jedoch weitaus mehr Triebe wachsen, als endgültig gebraucht werden, damit sich der starke Saftdruck des großen Wurzelkörpers »austoben« kann. Erst im folgenden Winter werden dann alle nicht günstig oder zu dicht stehenden Neutriebe entfernt. Der Astkopf ist schräg zum neuen Verlängerungstrieb nachzuschneiden, besonders, wenn die Neutriebe mehrere cm unterhalb der Schnittfläche entspringen. Der neue Schnitt ist vorsichtig knapp oberhalb der Verjüngungstriebe zu führen, damit eine gute Verheilung der Wunden gewährleistet ist. Nicht zu vergessen ist ein guter Wundverschluß.

## Schädlinge und Krankheiten

Magnolien machen uns die Freude, kaum unter Schädlingen und Krankheiten zu leiden, sie zählen somit zu den gesündesten Bäumen im Garten.

Der einzige Pilz, der den Magnolien gefährlich werden kann, ist der Hallimasch oder Honigschwamm, *Armillariella mellea*. Obwohl die Magnolien auch für diesen Pilz wenig anfällig sind, kann es doch sein, daß in Böden, die mit Hallimasch verseucht sind, nach Frost- oder Trockenheitsschäden die Wurzeln und Stämme davon befallen werden. Da es gegen diesen Pilz bis heute keine Bekämpfungsmöglichkeit gibt, müssen die Pflanzen bei Befall entfernt und verbrannt werden, da sie in wenigen Jahren ohnedies zugrunde gingen. Dabei sind auch alle starken Wurzeln auszugraben, weil sie Nährböden für den Pilz sind und seine Ausbreitung fördern.

Im allgemeinen geht der Hallimasch von befallenen Baumstrünken oder toten Wurzeln aus und durchwuchert mit seinen Rhizomorphen, das sind fadenförmige, schwarze Pilzstränge, den umliegenden Boden. Obwohl vor allem ein Saprophyt, kann der Pilz auch lebende Gehölze befallen, zumeist aber nur nach einer Beschädigung durch Geräte, Rasenmäher und dergleichen oder, weit eher, durch eine Beeinträchtigung der Lebenskraft aufgrund von Frostschäden, arger Trockenheit oder stauender Nässe.

Werden jüngere Magnolien von Hallimasch befallen, könnte man eine Behandlung mit Kaliumpermanganat ($KMnO_4$) oder Kupfervitriol ($CuSO_4$) versuchen. Man müßte dazu die Pflanzen mit etwa einer 0,2%igen Lösung eines dieser Salze gut angießen, im Grasland am besten durch in den Boden geschlagene Löcher. Ich selbst hatte mit dieser Methode schon bei verschiedenen Gehölzen Erfolge, bei meinen Magnolien bestand dafür jedoch noch keine Notwendigkeit.

Eine andere Schädigung, die oft bei Magnolien auftritt, ist die Chlorose. Sie erscheint fast immer bei zu hohem Kalkgehalt des Bodens an kalkempfindlichen Sorten (siehe Kapitel »Boden«, Seite 100). Der Kalk im Boden erhöht nicht nur den pH-Wert, er blockiert auch die Aufnahme von Eisen durch die Pflanze. Magnolien, besonders jüngere Pflanzen, reagieren sehr schnell und nachhaltig auf eine Behandlung im Wurzelbereich mit Eisenchelaten wie Sequestren 138 Fe.

Man löst 1 bis 2 Eßlöffel dieses Mittels in 10 l Wasser auf und gießt die Lösung im Kronenbereich in die mit einer Grabgabel gelockerte Erde. Im Grasland schlägt man Löcher in den Boden, etwa 15 bis 20 cm tief, und füllt diese mehrmals mit der Lösung an. Wichtig ist es, die Löcher und auch den offenen Boden nachher mit Mulchmaterial zu bedecken (die Löcher eventuell auch mit Erdbrocken), weil das Eisenchelat lichtempfindlich ist und bei Lichteinwirkung rasch zerstört wird. Diese Behandlung habe ich schon mehrmals mit bestem Erfolg praktiziert. Sie hält 2 bis 3 Jahre an. Für offenen Boden gibt es auch ein Sequestren-Granulat, das flach einzuharken ist. Spritzungen mit Eisenchelaten, wie Sequestren 330 oder Fetrilon unterstützen diese Maßnahme, bringen aber allein zu wenig Erfolg.

Eine andere Möglichkeit, Böden mit zu hohem pH-Wert etwas saurer zu machen, besteht darin, Schwefelpulver (Ventilato-Schwefel) in größeren Mengen, etwa 0,5 bis 1 kg/m², über dem Wurzelbereich gleichmäßig auszustreuen und flach einzuharken, was natürlich nur in offenem Boden möglich ist. Bei Wärme und Feuchtigkeit reagiert der Schwefel langsam und beständig zu Schwefelsäure, die den kohlensauren Kalk des Bodens zu Calciumsulfat (Gips) umwandelt. Dadurch wird dem Boden der Kalk entzogen, außerdem reagiert Gips etwas sauer und senkt den pH-Wert im Boden ab. Diese Maßnahmen hält nach eigenen Erfahrungen mehrere Jahre an und wirkt besser und länger als Eisenchelate.

Im Grasland erfüllt auch Kaliumbisulfat ($KHSO_4$) den gleichen Zweck. Etwa 2 Eßlöffel davon in 10 l Wasser gelöst, gießt man (wie das Eisenchelat) in die in den Boden gestoßenen Löcher. Natürlich geht das auch im offenen Boden. Auch hier wird der Kalk im Boden zu Gips umgewandelt und der Boden damit saurer. Auch diese Methode habe ich schon öfter mit Erfolg angewendet. Die rascheste Wirkung hatte ich allerdings mit Sequestren 138 Fe, die aber nicht so lange anhielt.

In spätfrostgefährdeten Lagen treten natürlich öfter Frostschäden an den Blüten und jungen Blättern auf. Dagegen kann man höchstens kleine Pflanzen mit Tüchern oder Decken schützen. Dabei spannt man diese über eingeschlagene Pfähle, um die Triebe und Knospen nicht zu beschädigen. Bei großen Pflanzen ist man da leider machtlos. Bleibt nur die Anpflanzung von spät blühenden Arten und Sorten, die zumeist den April- und Maifrösten entgehen.

# Vermehrung

Magnolien kann man durch Samenaussaat vermehren, durch Grünstecklinge, Absenker oder durch Veredlung auf geeignete Unterlagen. Alle diese Vermehrungsarten verlangen jedoch einige Erfahrung und werden darum nur von wenigen Spezialisten betrieben. Die beste Möglichkeit für den Laien, selbst Magnolien zu vermehren, besteht in der Aussaat. Trotzdem sollen aber alle gebräuchlichen Vermehrungsarten hier angeführt werden.

## Vermehrung durch Samen

Bei der Samenvermehrung müssen wir uns bewußt sein, daß nur von reinen Arten, die mit der gleichen Art in der Blüte befruchtet wurden, der Mutterpflanze identische Nachkommen zu erwarten sind. Alle Sämlinge von Hybriden, oder auch frei abgeblühten Arten in Mischbeständen werden die verschiedensten Variationen ergeben, kaum eine Pflanze wird in der Blüte der anderen oder der Mutterpflanze gleichen.

Deshalb sind aber Sämlinge nicht zu verachten. Erstens sind sie wüchsiger als vegetativ vermehrte Pflanzen, sie bilden ein gutes und starkes Wurzelsystem aus, und zweitens ergeben die meisten Sämlinge, wenn die Samen von schönen Hybriden stammen, auch wieder schöne Magnolien. Diese können der Muttersorte sehr ähnlich sein, weniger schön blühen, oder auch schönere Blüten bringen als diese. Schließlich sind ja alle die wundervollen Hybriden, die wir heute pflanzen, aus Samen erzogen worden, die aus bewußter oder zufälliger Kreuzung entstanden waren.

Sämlingspflanzen blühen zumeist viel später als Stecklinge oder Veredlungen, es kann je nach Art 5 bis 10 Jahre oder auch viel länger dauern, bis sie Blüten entwikkeln. Haben wir aber erst einmal Sämlinge erzogen, können wir sie auch mit bekannten Edelsorten veredeln, also als Unterlagen verwenden (siehe Seite 110).

### Samengewinnung

An den Magnolienfrüchten bemerken wir im Herbst, zwischen September und November, daß sich die einzelnen Karpelle (Fruchtblätter) an einer Nahtstelle am Rükken öffnen und die zumeist leuchtend rot gefärbten Samen hervorkommen. Wenig später hängen sie an einem seidenen Faden, dem Funiculum, an der Frucht und werden gerne von Amseln weggeholt, ehe sie zu Boden fallen. Um das zu verhindern, ernten wir die Früchte bereits, wenn sich die ersten Karpelle öffnen und holen die Samen heraus. Diese legen wir einige Tage in ein Gefäß mit Wasser und lassen sie etwas angären, dann können wir die rote Samenhülle leichter von den lackschwarzen Samen ablösen. Nachdem wir die Samen mit warmen Wasser von den öligen Resten des Samenmantels gereinigt haben, dürfen diese keinesfalls austrocknen, sonst würden sie nicht mehr keimen. Wir legen sie schichtweise in Gläser mit feuchtem Sand, Torf oder in ein Sand-Torf-Gemisch. Auch feuchtes Perlite oder Vermiculit ist geeignet. Dieses Substrat kann vorteilhaft mit einer fungiziden Lösung angefeuchtet werden, um die Ausbreitung von Fäulnispilzen zu vermeiden. Dann stellen wir die

Gefäße bei etwa 3 bis 5° in einen dunklen Raum oder auch in den Kühlschrank.

Dort bleiben die Samen einige Monate, bis wir sie im Februar oder März an einem warmen, hellen Platz im Gewächshaus oder an einem sonnigen Fenster in Saatschalen aussäen. Als Substrat wählt man am besten ein Gemisch aus Torfmull und grobem Quarzsand, das immer feucht aber nicht naß gehalten wird. Die Temperatur soll etwa 21 °C betragen. Es empfiehlt sich, die Saatschale mit einer Glasscheibe oder Klarsichtfolie abzudecken. Nach 4 bis 6 Wochen erfolgt die Keimung der Samen. Solche die nicht keimen, überliegen oft und keimen erst im nächsten Frühjahr. Entweder, sie werden bis dahin feucht gehalten oder wir werfen sie weg.

Nach der Keimung ist öfter zu nebeln, damit die Samenschale weich bleibt und die Keimlinge nicht in der Hülle stecken bleiben. Sind die Sämlinge einige cm hoch, pikiert man sie in kleine Töpfe in ein lockeres Substrat, z. B. in ein Gemisch aus Torf, grobem Sand und gesiebtem, gut verrottetem Kompost. Erst bei freudigem Wachstum wird die Entwicklung der Pflänzchen durch wöchentlich eine Flüssigdüngergabe gefördert. Nach etwa 2 Monaten pflanzt man in größere Töpfe um, ohne den Wurzelballen zu zerstören. Dann kann die Erde schon mehr Kompost enthalten und auch kalkfreie Gartenerde. Hierbei kann ein Dauerdünger wie Osmocote beigefügt werden.

## Künstliche Bestäubung

Wer die Absicht hat, selbst neue Magnoliensorten zu züchten, möge sich den folgenden Abschnitt durchlesen. Grundsätzlich sollten nur nahe verwandte Arten, die der gleichen Sektion angehören, zur Kreuzung verwendet werden. Es ist aber bei Magnolien durchaus möglich, auch Arten verschiedener Sektionen miteinander zu kreuzen. So eine Kreuzung ist beispielsweise *M.* × *soulangiana* (*M. denudata* × *M. liliiflora*).

Die Blüten der Magnolien sind so gebaut, daß zuerst die Narben an der Spindel reifen und empfängnisfähig sind, solange die Blüten noch geschlossen sind bis spätestens zu Beginn der Blütenöffnung. Wenn sich die Blüten richtig öffnen, verwelken die Narben bereits und am zweiten Tag platzen die Staubbeutel auf, wenn sie sich von der Blütenachse abheben. Manche Staubbeutel öffnen sich seitlich, wie bei *M. campbellii*, andere nach innen wie bei *M. delavayi*. In der Natur findet die Bestäubung durch pollenfressende Käfer statt, die in die noch geschlossene Blüte zwischen den Tepalen hineinkriechen und Pollen von bereits offenen Blüten mitbringen und diesen auf die noch empfängnisfähigen Narben abladen.

Diese Einrichtung ist uralt, denn Käfer gab es schon im Tertiär, Millionen Jahre bevor Bienen, Wespen und Schmetterlinge auftauchten. Daher bestand für die Magnolien auch keine Notwendigkeit, Nektar zu erzeugen. Bis heute sind daher diese erdgeschichtlich uralten Pflanzen auf die ebenso alten Käfer angewiesen. Wenn die Blüten sich öffnen, kommen auch pollensammelnde Bienen zu den Blüten, wie man das bei *M. denudata* oder *M. grandiflora* beobachten kann, aber für eine Bestäubung der Narben ist das zu spät. Wie E. Leppik vom Plant Genetic Institute des United States Departement of Agriculture feststellte, fügen die fressenden Käfer den Blüten keinen Schaden zu. Bei *M. grandiflora* werden sogar nektarähnliche Tröpfchen zwischen den Narben ausgeschieden, die die Käfer anlocken. Auch strömen viele Magnolien einen Duft zur Anlockung der Käfer aus.

Diese Eigenschaften der Magnolienblüten machen auch wir uns bei der künstlichen Bestäubung zunutze. Der mit einem feinen Pinsel gesammelte Pollen wird auf die Narben der noch geschlossenen Blüten gebracht, die anschließend sofort etikettiert werden.

# Vegetative Vermehrung

## Stecklinge

Stecklinge ergeben stets die gleichen Sorten, von welchen wir die Stecklinge entnommen haben. Stecklingsvermehrte Pflanzen blühen meist bedeutend früher als Sämlinge. Wir unterscheiden weiche Grünstecklinge (bei den meisten laubabwerfenden Arten und Sorten) und halbreife Grünstecklinge (bei den immergrünen Magnolien).

Im ersten Fall schneidet man die Stecklinge, wenn sie im unteren Teil beginnen zu verholzen. Dieser Zeitpunkt richtet sich nach Sorte und Witterungsverlauf und muß für jeden Fall festgestellt werden. Zumeist ist dies zwischen Ende Juni und Mitte Juli der Fall. Die Stecklinge werden in einer Länge von 10 bis 12 cm knapp unterhalb eines Blattknotens geschnitten. Dabei entfernt man die weiche Spitze des Stecklings, was die Wurzelbildung fördert. Bei großlaubigen Arten kürzt man die Blätter auf die Hälfte bis zwei Drittel ein, um die Verdunstungsfläche zu reduzieren. Die Basis der Stecklinge schneidet man an einer Seite schräg an, taucht sie in ein Bewurzelungspulver (ein beta-Indolyl-Buttersäure-Präparat) und steckt sie in ein Torf-Sand-Gemisch oder Torf-Perlite-Gemisch. Das Ganze geschieht unter Glas mit Sprühnebeleinrichtung bei 18 bis 21 °C Bodentemperatur und etwa 30° Lufttemperatur. Dabei ist zu schattieren, damit das natürliche Licht um etwa 25 % vermindert wird. Laufend ist mit einem geeigneten Fungizid einem Pilzbefall im Boden und auf den Blättern vorzubeugen. Dem Substrat kann ein langsam und lange wirkender Dünger wie Osmocote beigefügt werden.

Nach etwa 8 Wochen sollten die Stecklinge bewurzelt sein. Je besser die Wurzelbildung ist, um so besser werden sie den ersten Winter überleben. Die Stecklinge bleiben an ihrem Platz, bis sie im nächsten Frühjahr austreiben, dann werden sie in Töpfe verschult.

Bei den immergrünen Sorten werden die halbreifen Stecklinge erst Ende August bis September geschnitten (z. B. bei *M. grandiflora*). Die Vorgehensweise ist die gleiche, wie oben beschrieben. Können die Stecklinge erst im Oktober geschnitten werden, bilden sie im Herbst nur einen Kallus. Die Wurzeln kommen erst im Laufe des Februar. Im April verpflanzt man die Stecklinge in Töpfe.

## Abmoosen

Eine andere vegetative Vermehrungsart besteht im sogenannten Abmoosen, das im Freiland an den Bäumen durchgeführt wird und jeweils eine Jungpflanze ergibt.

Dazu wählt man einen kräftigen, 1jährigen Trieb aus, an dem man im Frühjahr einen etwa 5 mm breiten Rindenring entfernt. Die Verletzung bestreut man mit einem Bewurzelungspulver (z. B. Seradix B) und umgibt den Zweig an dieser Stelle mit

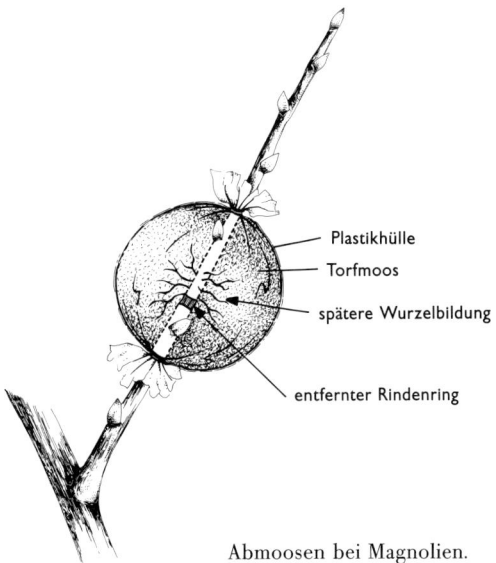

Plastikhülle
Torfmoos
spätere Wurzelbildung
entfernter Rindenring

Abmoosen bei Magnolien.

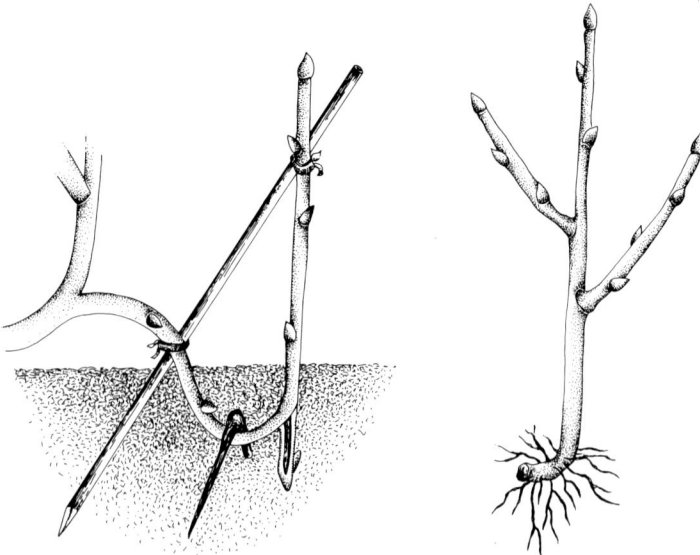

Absenkervermehrung bei Magnolien.

einem dicken Pack von gut feuchtem Torf-moos (Sphagnum), notfalls auch Torfmull. Das Ganze hüllt man in eine schwarze Folie ein und bindet diese an beiden Enden gut zu. Im Herbst sollte der Zweig bereits Wurzeln gebildet haben. Man schneidet ihn vom Baum und pflanzt ihn, ohne die jungen Wurzeln zu verletzen, vorsichtig in einen Topf mit lockerer, humoser Erde. Die Jungpflanze wird im Haus überwintert und im Frühjahr, gut gestäbt, ausgepflanzt. Bei schwacher Bewurzelung kultiviert man den Ableger noch 1 Jahr im Topf weiter.

## Absenker

Hierbei wird, wie bei anderen Gehölzen auch, im März ein Vorjahrestrieb, der in Bodennähe steht, in den Boden eingelegt, der durch Torf und Sand verbessert und gut feucht gehalten wird. An der Stelle des Triebes, die in den Boden kommt, bringt man einen etwa 5 cm langen Längsschnitt in der Mitte des Triebes an, bestäubt die Stelle gut mit Wuchsstoffpulver und legt

den Trieb mit der abspaltenden Seite nach unten vorsichtig in den Boden ein, ohne daß der Trieb bricht. Das Ende des Zweiges ragt aus dem Boden und wird an einen Stab gebunden, während der Trieb mit einem Haken am Boden festgehalten wird. Nach etwa 1 Jahr kontrolliert man die Bewurzelung und wenn diese bereits erfolgt ist, trennt man die Ableger von der Mutterpflanze. Sie bleiben aber bis zum Herbst an ihrem Platz. Im Oktober oder auch erst im folgenden Frühjahr verpflanzt man die Ableger in Töpfe. Manchmal dauert es auch 2 Jahre, bis eine ausreichende Bewurzelung erfolgt ist.

## Span-Veredlung (Chip Budding)

Diese Veredlung kann im Sommer, nach guter Ausreife des Holzes, aber auch im Winter und Frühjahr durchgeführt werden. Bei der Sommerveredlung schneidet man Ende Juli die Edelreiser und entfernt die Blätter bis auf den Stiel. Die Unterlagen, am besten Sämlinge von *M. acuminata* oder *M.*

*kobus,* stellt man im Gewächshaus auf bei einer möglichst konstanten Temperatur von 15 °C. Dann schneidet man ein Edelauge mit dem Blattstiel vom Reis, ähnlich wie bei der Okulation, aber dicker, mit mehr Holz (siehe Abb.). Dabei sollte das Mark nicht angeschnitten werden. An der Unterlage wird ein ebensogroßes Schild abgehoben und das Edelauge daraufgepaßt. Anschließend wird mit einem Veredlungsband aus Kunststoff oder Gummi dicht verbunden, so daß das Edelauge frei bleibt. Ebenso kann mit einem weichen Spagat (Bast) verbunden und mit Baumwachs oder flüssigem Paraffin verstrichen werden.

Die Veredlungen stellt man in luftfeuchter Umgebung bei über 20 °C auf. Innerhalb von 10 Tagen sollte das Auge angewachsen sein, wobei der Blattstiel abfällt (fällt er nicht ab, ist das Auge vertrocknet). Nun wird der Sämling knapp oberhalb des Edelauges zurückgeschnitten, damit das Auge noch austreibt. Es sollte bis Ende

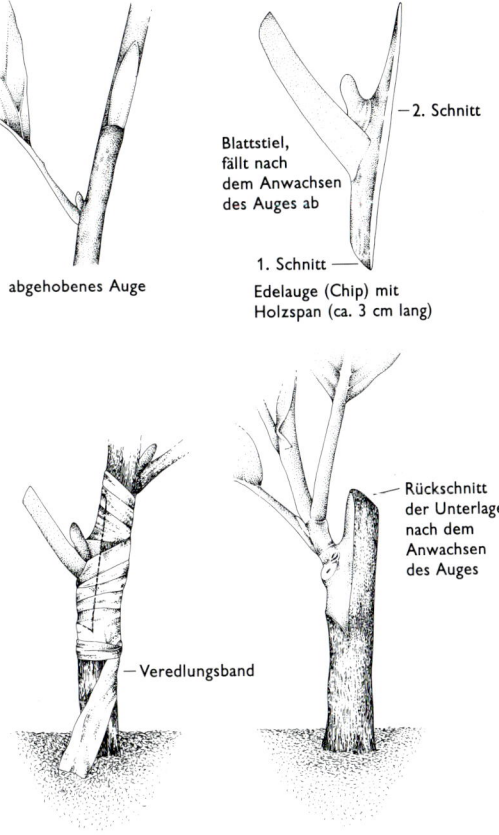

abgehobenes Auge

Blattstiel, fällt nach dem Anwachsen des Auges ab

— 2. Schnitt

1. Schnitt —
Edelauge (Chip) mit Holzspan (ca. 3 cm lang)

— Rückschnitt der Unterlage nach dem Anwachsen des Auges

— Veredlungsband

Sämling mit eingesetztem Auge nach der Veredlung

nach dem Austrieb

»Chip-Budding« (nach Gardiner).

Oktober noch ein Edeltrieb von 7 bis 10 cm entstehen. Das Veredlungsband bleibt bis dahin am Stamm. Dann stellt man die Veredlungen zum Überwintern bei etwa 8 °C im Haus auf. Im folgenden Frühjahr wird umgetopft und gedüngt, damit die Veredlungen flott austreiben. Bis zum Jahresende können die Veredlungen 1 bis 1,5 m hoch sein und im folgenden Frühjahr ausgepflanzt werden.

Diese Methode wurde jahrelang erfolgreich bei Hillier in Winchester angewendet. Auch in der Baumschule Otto Eisenhut im Tessin werden die Magnolien auf diese Weise mit bestem Erfolg veredelt. Die Span-Veredlung kann auch im Herbst oder

»Chip-Budding« ist eine Veredlungsart, die z. B. in der Baumschule Otto Eisenhut im Tessin seit Jahren mit Erfolg angwendet wird.

im Winter durchgeführt werden. Die Unterlagen schneidet man dann erst im Frühjahr zurück. Bei Veredlungen im Frühjahr
wird zurückgeschnitten, sobald das Auge
gut angewachsen ist.

## Okulation

In Japan und Südkorea ist die Okulation
der Magnolien im Freiland üblich, so wie
bei uns die Rosen veredelt werden. Dabei
wird im August und September bei warmem Wetter das Edelauge, bei dem vorsichtig der Holzteil entfernt wurde, in den
bekannten T-Schnitt eingesetzt, und zwar
an der Nordseite der Unterlage, knapp
über dem Boden. Auch hier bleibt ein kurzer Blattstiel am Auge, an dem man das
Auge anfassen und einsetzen kann. Die
Okulation verbindet man mit einem Pla-
stikband oder dem für Rosen üblichen
Okulierplättchen und häufelt anschließend
mit Erde oder Torfmull an, um eine Austrocknung zu vermeiden. Die Veredlungen
werden im Frühjahr oberhalb des Edelauges zurückgeschnitten und das austreibende Edelreis angestäbt. Ob diese Methode
auch in unserem, viel kühleren Klima möglich ist, müßte erst erprobt werden.

## Reiserveredlung

Die Veredlung mit Reisern wird im Gewächshaus durchgeführt, von Mitte August
bis zum Beginn des Austriebes im Mai. Die
Unterlage muß gut verholzt sein, dann ist
auch die Rinde dicker und die Kallusbil-
dung geht besser voran. Auch die Edelreiser sollten kurze, dicke Triebe sein mit
enggestellten Blattnarben. Diese wachsen
besser an als rasch gewachsene Langtriebe.

Man wählt kurze Reiser mit 2 Augen und
Endknospe, oder auch ohne diese. Bei der
Sommerveredlung kürzt man die Blätter
des Edelreises auf die Hälfte ein, um die
Verdunstung zu reduzieren. Etwa 15 cm
über dem Boden werden die Reiser an die

Unterlage angeplattet oder mit einem beiderseits schrägen Schnitt in die Rinde der
Unterlage eingespitzt, wie dies bei Konife-
renveredlungen üblich ist. Dazu schneidet
man von oben her einen Rindenstreifen der
Unterlage an und beläßt ihn am Stamm.
Das beiderseits keilförmig zugespitzte Reis
wird zwischen Stamm und Rindenlappen
eingefügt und mit weichem Spagat (Wollfa-
den, Hanfband) oder Gummiband verbunden. Ein Verband mit Wolle oder Spagat
wird mit Veredlungswachs verstrichen.
Gleich nach der Veredlung kommen die
Pflanzen in einen hellen Raum mit Boden-
wärme, am besten in ein Vermehrungshaus.
Die Erde darf nie austrocknen, die Pflanzen
sind regelmäßig zu besprühen und zu schattieren. Fallen die Blätter ab, ohne zu welken,
ist das ein Zeichen für eine gute Verwachsung der Veredlung. Nach mehreren Wochen wird weniger schattiert und mehr
gelüftet, um die Veredlungen abzuhärten.

## Ablaktieren

Diese Methode ist die einzig mögliche Frei-
landveredlung für Magnolien und ist siche-
rer als die oben beschriebenen Veredlungs-
arten. Voraussetzung dafür ist, daß die
Edelsorte tiefhängende Zweige hat und
man die Sämlingsunterlage dazupflanzen
oder mit einem Topf daneben einsenken
kann. Im Frühjahr, wenn beide Partner
schon im Saft sind oder im Trieb stehen,
entfernt man an Unterlage und Reis einen 4
bis 5 cm langen Rindenstreifen mit etwas
Holz, ohne ins Mark zu schneiden, und fügt
die beiden Partner mit den Schnittflächen
fest zusammen, verbindet sie und verstreicht mit Baumwachs. Die Veredlung
wird gut an Stäbe gebunden, daß sie nicht
durch Wind beschädigt werden kann. Nach
4 bis 6 Wochen lockert man den Verband
oder legt besser einen neuen an, daß sich
der Kallus gut entwickeln kann.

Wichtig ist, daß die eingesenkten Veredlungsunterlagen gut feucht gehalten wer-

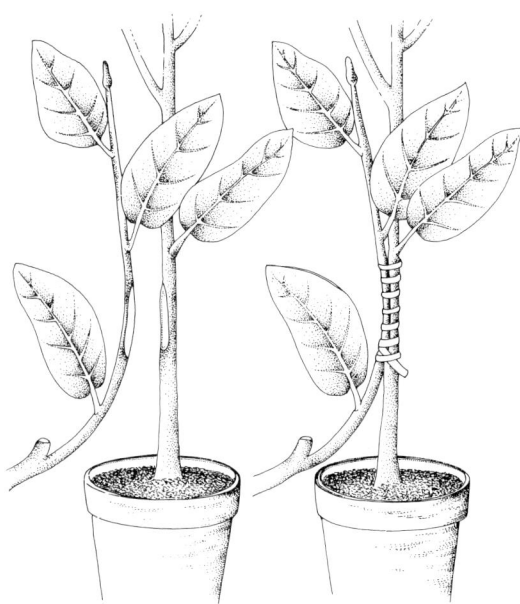

Ablaktieren bei Magnolien.

den. Ist die Verwachsung erfolgt, schneidet man die Unterlage allmählich immer mehr zurück. Gegen Ende der Saison, etwa bei Laubfall, trennt man dann das Edelreis von der Mutterpflanze. Die neue Veredlung wird gut gestäbt, zu lange Triebe schneidet man etwas zurück. Dann bringt man die Pflanze ins Haus oder in den Keller, um eventuell Frostschäden im ersten Winter auszuschließen.

## Unterlagen

Man wählt als Unterlagen 3- bis 4jährige, kräftige Sämlinge, deren Holz gut ausgereift ist. Wenn möglich, sollten Edelreis und Unterlage nahe verwandten Arten angehören, es sind aber auch die Bodenansprüche zu berücksichtigen. In weniger mildem Klima und kalkhaltigem Boden zieht man *M. acuminata* oder *M. kobus* als Unterlage vor. In saurem Boden ist *M. hypoleuca* gut geeignet, während z. B. in Cornwall Sämlinge

von *M. sargentiana* var. *robusta* bevorzugt werden. Sämlinge aus weniger mildem Klima und weniger guten Böden sind robuster und besser geeignet als in sehr mildem Klima oder unter Glas erzogene Sämlinge.

Als Richtlinie mag gelten: Edelreiser von *M. kobus*, *M.* × *loebneri*, *M. stellata* oder *M. salicifolia* veredelt man auf Sämlinge von *M. kobus*; *M. acuminata*, *M. cordata* (syn. *M. acuminata* var. *subcordata*) sowie *M.* × *brooklynensis* veredelt man auf *M. acuminata*; *M. campbellii* sowie alle ihre Hybriden, *M. denudata*, *M. dawsoniana*, *M. sprengeri*, die Gresham-Hybriden sowie *M. sargentiana* veredelt man auf *M. campbellii* var. *mollicomata*, *M. sargentiana* oder *M.* × *soulangiana*; *M. fraseri*, *M. macrophylla*, *M. officinalis*, *M. tripetala*, *M. hypoleuca* und *M.* × *wieseneri* kommen auf *M. hypoleuca* oder *M. tripetala*; und schließlich veredelt man *M. sinensis*, *M. sieboldii* und *M. wilsonii* auf *M. sinensis* oder *M. sieboldii*.

# *Nachwort*

In diesem Buch habe ich mich bemüht, alles Wissenswerte über die wundervolle Gattung *Magnolia* und ihre engen Verwandten zusammenzutragen. Wenngleich hier auch viele eigene Erfahrungen und Ansichten wiedergegeben werden, sind es doch vor allem ausländische Erfahrungen und Beschreibungen, die dieses Werk erst ermöglichten, schon deshalb, weil es ja in Mitteleuropa sowohl an entsprechender Literatur als auch an Anschauungsmaterial fehlt.

Wir sind da gezwungen, uns auf die Angaben und Unterlagen aus den USA, aus England und Südeuropa zu verlassen und müssen viele davon noch überprüfen, inwieweit sie für unsere Verhältnisse zutreffend sind. Sicherlich kann man aber heute schon sagen, daß die »Angst« vor einer Magnolienpflanzung zum größten Teil unbegründet ist. Die empfohlenen Arten und Sorten sind mit wenigen Ausnahmen auch für mitteleuropäische Verhältnisse geeignet, wenn man von einigen Sorten, wie u. a. die *M. campbellii*- und *M. grandiflora*-Sorten absieht, obwohl es von letzterer auch schon einige gut winterharte Gartensorten gibt.

Natürlich wird man es vermeiden, Magnolien in rauhe Lagen mit kurzer Vegetationszeit zu pflanzen, weil hier selbst die winterharten Arten und Sorten in ihrem Holz und in den Knospen nicht genügend ausreifen können und dann Schäden unvermeidlich sind. Auch sind kalkarme Böden zu bevorzugen. In allen Gebieten unserer Länder, wo Weinreben und Obstbäume gedeihen, wird man auch mit Erfolg Magnolien pflanzen können. Und das sollten wir auch tun, denn es gibt kaum ein wundervolleres Blütengehölz als eine blühende Magnolie!

# *Verzeichnisse*

## Magnoliensammlungen und Parkanlagen mit sehenswerten Magnolien in Europa

Die Anschriften wurden dem Buch »Magnolias« von Jim M. Gardiner entnommen. Die meisten der hier angeführten Gärten habe ich jedoch selbst besucht und kann sie daher mit bestem Gewissen allen Magnolienfreunden empfehlen.

### Belgien

Arboretum Bokrijk, Limburg, B, 3600 Gent
Herkenrode, 3150 Haacht (Wespelaar (Vicomte Philippe de Spoelberch)
Kalmthout Arboretum (R. de Belder)

### England

**Berkshire:** The Savill and Valley Gardens, Windsor Great Park
**Cambridgeshire:** Botanischer Garten der Universität Cambridge
**Cheshire:** Ness Gardens, Neston, South Wirral (Universität von Liverpool)
**Cornwall:** Anthony House, Torpoint (National Trust)
Caerhays Castle, Gorran, St. Austell (Mr F. J. Williams)
Chyverton, Zelah, Truro (Mr and Mrs M. V. Holman)
Glendurgan, Mawnan Smith, Falmouth (National Trust)
Lanhydrock, Bodmin (National Trust)
Penwarne, Mawnan Smith, Falmouth (Mr and Mrs H. Beister)

Tregothnam, Truro (The Viscount Falmouth)
Trellissick, Truro (National Trust)
Trengwainton, Penzance (National Trust)
Trewidden, Penzance (Nachfolger von Mrs Charles Williams)
Trewithen, Grampound Road, Truro (Mrs G. H. Johnston)
Werrington Park, Launceston (Mr A. M. Williams)
**Devon:** Dartington Hall Gardens, Totnes (Dartington Hall Trust)
The Garden House, Buckland Monachorum, Yelverton (The Fortescue Garden Trust)
Killerton Gardens, Exeter (National Trust)
Sharpitor Gardens, Salcombe (National Trust)
**Dorset:** Abbotsbury Gardens, Weymouth (Strangeways Estate)
**Gloucestershire:** The Batsford Arboretum, Moreton in Marsh (The Lord Dulverton)
**Hampshire:** Exbury Gardens, Beaulieu (Edmond de Rothschild)
The Hillier Gardens and Arboretum, Romsey (Hampshire County Council)
**Kent:** Sandling Park, Hythe (Mr and Mrs G. Hardy)
**Norfolk:** Talbot Manor, Fincham (Mr Maurice Mason)
**Surrey:** The Royal Botanic Gardens, Kew, Richmond (Kew Trustees)
Tilgates, Bletchingley (Mr David Clulow)
Wisley Gardens, Ripley (Royal Horticultural Society)
**Sussex:** Borde Hill Gardens, Haywards Heath (Verwaltung nach Mr R. Stevenson Clarke)

Nymans Gardens, Handcross (National Trust)

Wakehurst Place, Ardingly (Royal Botanic Gardens, Kew)

**Yorkshire:** Castle Howard, York (The Hon Simon Howard)

## Schottland

Argyll: Arduaine Gardens, Loch Melfort (Mr H. Wright)

Brodick Castle Gardens, The Isle of Arran (National Trust for Scotland)

Kiloran, The Island of Colonsay (The Lord Strathcona and the Mount Royal)

Edinburgh: The Royal Botanic Garden, Edinburgh (Edinburgh Trustees)

Wigtonshire: Logan Botanic Gardens, Stranraer (Royal Botanic Garden Edinburgh)

## Wales

Gwynedd: Plas Newydd, Isle of Anglesey (National Trust)

Bodnant Gardens, Tal-y-Cafn (National Trust)

## Irland

County Cork: Fota Island, Carrigtwohill (Richard Wood/University College, Cork)

County Down: Rowallane Gardens, Saintfield (National Trust)

County Dublin: Mount Usher

County Offaly: Birr Castle (Lord Rosse)

County Waterford: Mount Congreve, Waterford (Ambrose Congreve)

County Wexford: Dunloe Castle Hotel (Killarney Hotels Ltd.)

## Dänemark

Botanischer Garten der Universität, Farmimagsgade, Kopenhagen

## Deutschland

Frankfurter Palmengarten, Frankfurt

## Frankreich

Fondations de Parks de France, 45450 Fay-aux-Loges (Count B. de Rochefoucauld)

Jardin Botanique de la Ville, Nantes (Stadtverwaltung)

Pépinières de Kerisnel, St. Pol-de-Leon (Landwirtschaftsgesellschaft Sica)

Le Vasterival, F 76119 Varengeville-sur-mer (Princess G. Sturdza)

## Italien

Isola Bella, Lago di Maggiore

Villa Taranto, Pallanza, Lago di Maggiore

## Holland

Doorn, Arboretum Gimborn (Universität von Utrecht)

## Polen

Arboretum Kornick (Polnische Akademie der Wissenschaften)

## Schweden

Botaniska Tradgarden, S 41319 Göteborg

Karlstad (A. Blomqvist)

Norrauramov, S 26700 Bjuv (K. E. Flinck)

Vasteras (T. Widenfalk)

## Schweiz

Veytaux, 1820 (K. E. Flinck)

Vico Morcote bei Lugano, 6921 (Sir Peter Smithers, Voranmeldung!)

Vira Gambarogno, 6574 (Villa Iris, Dr. Piet van Veen, Voranmeldung!)

Baumschule und Arboretum Otto Eisenhut, 6575 San Nazzaro bei Vira

# Literatur

Bärtels, A.: Kostbarkeiten aus ostasiatischen Gärten. Verlag Eugen Ulmer, Stuttgart 1987.

Callaway, J. D.: The World of Magnolias. Timber-Press, Portland, Oregon, USA 1994.

Encke, F., Buchheim, G., Seybold, S.: Zander, Handwörterbuch der Pflanzennamen, 14. Auflage. Verlag Eugen Ulmer, Stuttgart 1993.

Gardiner, J. M.: Magnolias, Their Care and Cultivation. Cassel-Verlag, London 1989.

Grootendorst, H. J.: Magnolias in Nederland. Dendroflora, Jahrbuch Nr. 18. Boskoop, Holland 1981.

Heinze, W. und Schreiber, D.: Eine neue Kartierung der Winterhärtezonen für Gehölze in Europa. Mitteilungen der Deutschen Dendrologischen Gesellschaft Nr. 75. Verlag Eugen Ulmer, Stuttgart 1984.

Hillier's Manual of Trees and Shrubs. David und Charles, Newton Abbot, London, 5. Auflage 1981.

Johnstone, G. H.: Asiatic Magnolias in Cultivation. The Royal Horticultural Society, London 1955.

Krüssmann, G.: Handbuch der Laubgehölze. Verlag Paul Parey, Berlin und Hamburg 1962.

Magnolia, Journal of The American Magnolia Society Inc. Hefte von 1984 bis 1994.

Neudecker, T.: Neue Sorten der Sternmagnolie. Gartenpraxis Nr. 5, 1988.

Neudecker, T.: Großblumige Magnolienhybriden. Gartenpraxis Nr. 3, 1989.

Neudecker, T.: Magnolia liliiflora und ihre Hybriden. Gartenpraxis Nr. 3, 1990.

Pardatscher, G.: Der Winterschnitt von Obst- und Ziergehölzen, 2. Auflage. Verlag Eugen Ulmer, Stuttgart 1990.

Pardatscher, G.: Schöne Blütengehölze, Zierkirschen, Zieräpfel, Flieder und Magnolien. Verlag Eugen Ulmer, Stuttgart 1990.

Spongberg, S. A.: Magnoliaceae, hardy in temperate North America. Journal of the Arnold Arboretum, University of Havard, Boston 1976.

Tredici, P. del: A World of Magnolias. Horticulture, March 1989, Arnold Arboretum, University of Havard, Boston.

Treseder, N. G.: Magnolias. Verlag Faber und Faber, London 1978.

Treseder, N. G. und Blamey, M.: The Book of Magnolias. Collins-Verlag, London 1981.

# Namensverzeichnis

**Ammal, Dr. Janaki:** Botaniker und Gärtner in den Gärten der RHS (Royal Horticultural Society) Wisley, Woking, Surrey. Erzielte um 1950 durch Colchizinbehandlung die Sorte *M. kobus* 'Norman Gould'.

**Banks, Sir Joseph:** 1743–1820, Englischer Naturwissenschaftler, Präsident der Royal Horticultural Society. Leiter von Kew Gardens, die er von 1772–1820 zu einer der artenreichsten Pflanzensammlungen der Welt machte. Unternahm viele Forschungs- und Sammelreisen. Begleitete James Cook auf seiner 1. Weltreise.

**Bannister, John:** Missionar unter Bischof Compton von London, der ihn als Prediger nach Virginia sandte. Bannister wurde ein begeisterter Pflanzensammler und sandte u. a. 1688 *M. virginiana* nach England.

**Bartram, John:** Nordamerikanischer Botaniker aus Philadelphia, entdeckte 1736 *M. acuminata* (kurz nach John Clayton) und sandte Samen davon zu Peter Collinson nach London.

**Bartram, William:** 1739–1823, Nordamerikanischer Botaniker aus Philadelphia, Sohn von John Bartram, schrieb über seine Reisen durch Nord- und Süd-Carolina. Entdeckte um 1762 *M. fraseri* und um 1791 var. *pyramidata.*

**Baumann, Charles:** Gärtner in Bollweiler, Elsaß. Brachte 1865 die Sorte *M. × soulangiana* 'Amabilis' in den Handel.

**Blumhardt, Oswald:** Gärtner und Baumschuler aus Whangarei, Neuseeland, züchtete mehrere neue *M.*-Hybriden, vor allem mit *M. campbellii,* um 1970 'Early Rose' und 'Star Wars'.

**Brozzoni, Camillo:** Gärtner in Brescia, Italien, bei dem die Sorte *M. × soulangiana* 'Brozzonii' entstand.

**Buc'hoz, Pierre Joseph:** 1731–1807, französischer Botaniker und Arzt, veröffentlichte zahlreiche botanische Schriften über Pflanzen aus Amerika, China und Japan.

**Callaway, Dorothy J.:** Botanikerin und Magnolienspezialistin aus Thomasville, Georgia. Verfaßte 1994 das Buch »The World of Magnolias«.

**Campbell, Dr. Archibald:** Englischer Gouverneur von Darjeeling, Indien. Ihm zu Ehren benannte J. Hooker 1855 seine neu entdeckte Magnolie *M. campbellii.*

**Carrière, E. A.:** Französischer Botaniker, der 1890 *M. × wieseneri* beschrieb nach einer Pflanze, die auf der Weltausstellung von Paris 1889 von dem Pariser Grundbesitzer M. Wiesener an einem japanischen Stand erworben wurde.

**Catesby, Marc:** Englischer Botaniker, der sich ab 1710 neun Jahre lang in Amerika aufhielt und Pflanzen sammelte.

**Cels, N.:** Gärtner in Montrouge bei Paris, brachte 1825 die Sorte *M. × soulangiana* 'Speciosa' und 1831 'Alexandrina' in den Handel.

**Chenault, Leon:** Baumschuler in Orléans, Frankreich, der mehrere neu entdeckte Magnolien kultivierte, die er um 1910 von Sargent aus dem Arnold Arboretum bekam (z. B. *M. dawsoniana*). Er sandte Pflanzen davon auch nach Kew und anderen englischen Gärten.

**Ching, R. Ch.:** Chinesischer Botaniker (1899–1986), entdeckte 1925 *M. cylindrica* am Wang Shan in 1280 m Höhe. Stammte aus Nanking, arbeitete am Botanischen Institut in Peking, verfaßte Abhandlungen über Farnpflanzen.

**Clarke, James:** Gärtner aus San José, Kalifornien, erzog 1964 die Sorte *M. × veitchii* 'Rubra' aus Sämlingen von 'Peter Veitch'.

**Clarke, W. B.:** Amerikanischer Gärtner aus San José, Kalifornien, bei dem wahrscheinlich 1930 die Sorte *M. × soulangiana* 'Burgundy' entstanden ist.

**Clayton, John:** Verwaltungssekretär und begeisterter Pflanzenliebhaber in Virginia, der Anfang des 18. Jh. *M. acuminata* entdeckte (kurz vor John Bartram) und sie zu Marc Catesby brachte, der sie 1739 erstmalig beschrieb.

**Coates, C. F.:** Englischer Gärtner im Royal Botanic Garden Kew, der einige Naturhybriden entdeckte, wie *M. × kewensis* und 'Charles Coates'.

**Collinson, Peter:** Gärtner in London, der 1736 Samen von *M. acuminata* von John Bartram aus Nordamerika bekam und bei dem die ersten Pflanzen 1763 blühten.

**Colliton, Sir John:** Gartenbesitzer in Exmouth, Devonshire, England, der schon 1760 die damals größte *M. grandiflora* besaß, die jedes Jahr reich blühte (heute die Sorte 'Exmouth').

**Compton, Henry:** 1632–1713, Bischof von London und der Nordamerikanischen Kolonien. Gärtner und Botaniker, der aus verschiedenen Ländern Pflanzen importierte. Sandte den Missionar John Bannister als Prediger nach Virginia, der 1688 *M. virginiana* nach England sandte.

**Dandy, James Edgar:** 1903–1976, Botaniker am British Museum in London. Befaßte sich vor allem mit Magnolien und veröffentlichte Abhandlungen über diese Gattung.

**David, Armand:** Französischer Missionar, der 1869 *M. sargentiana* var. *robusta* in Westsechuan, China, entdeckte.

**Del Tredici, Peter:** Amerikanischer Botaniker im Arnold Arboretum in Boston, der verschiedene Magnolienarten beschrieb, z. B. 1981 *M. virginiana*, 1983 *M. zenii*.

**Desrousseaux, Louis Auguste Joseph:** 1753–1838, französischer Botaniker, Mitar beiter von de Lamarck an dessen »Encyclopedia Méthodique Botanique« 1789–1798. Ersetzte den alten Gattungsnamen *Lassonia* von Buc'hoz durch *Magnolia*.

**De Vos, Dr. Francis:** Magnolienzüchter am National Arboretum Washington, D. C. Züchtete 1955 vier der erfolgreichen »8 Kleinen Mädchen« ('Ann', 'Judy', 'Randy', 'Ricki') aus *M. stellata × M. liliiflora*. Dr. W. Kosar führte 1956 seine Arbeiten fort – daraus resultierten die »De Vos-Kosar-Hybriden«.

**Dodd, Tom:** Baumschulgärtner aus Mobile, Alabama. Erzog Sämlinge von *M. virginiana* var. *australis,* um sie auf ihre Frosthärte zu prüfen. Daraus selektierte Larry Lowman die Sorte 'Ridgecrest Green', die bei einer Temperatur von –24 °C noch keine Schäden am Laub zeigte.

**Eisenhut, Otto:** Baumschulgärtner in San Nazzaro, Tessin, Schweiz. Heute die führende Magnolien-Baumschule mit dem größten Sortiment in ganz Europa.

**Ellis, David:** Gärtner aus Alabama, der 1988 eine Anzahl späterer Gresham-Hybriden selektierte.

**Forrest, George:** 1873–1932, englischer Botaniker und Pflanzensammler aus Falkirk. Bereiste China und führte viele neue Pflanzen ein.

**Forrest, John:** Gärtner aus Caerhay's Castle, Cornwall. Erzog 1925 die Sorte *M. denudata* 'Forrest Pink' aus Samen.

**Fraser, John:** 1750–1811, schottischer Baumschulist und Pflanzensammler aus Chelsea. Führte verschiedene Pflanzen aus Nordamerika ein, z. B. 1786 *M. fraseri*.

**Freeman, Oliver:** Amerikanischer Botaniker und Gärtner, züchtete 1930 im US National Arboretum in Washington, D. C., die immergrünen »Freeman-Hybriden« aus *M. virginiana × M. grandiflora*.

**Froebel, N.:** Gärtner in Zürich, Schweiz, selektierte 1905 die Sorte *M. × soulangiana* 'Lennei Alba'.

**Gallagher, John:** Englischer Gärtner in Dorset, der die Sorte *M. × soulangiana* 'Just Jean' nach 1970 als Zufallssämling in seinem Garten fand.

**Galyon, Dr. Frank:** Magnolienzüchter aus Knoxville, Tennessee, der mehrere gute, neue Sorten herausbrachte. Fand in den Smoky Mountains in Tennessee *M. acuminata* 'Golden Glow'.

**Gardiner, Jim M.:** Englischer Gärtner, der sich zeitlebens intensiv mit der Kultur von Magnolien befaßte. Kurator des Royal Horticultural Society's Garden in Wisley. Sein Hauptwerk »Magnolias, Their Care and Cultivation« erschien 1989.

**Gresham, Todd Drury:** 1909–1969, erfolgreicher Magnolienzüchter aus Santa Cruz, Kalifornien. Von ihm stammen u. a. die »Gresham-Hybriden«, die er aus Kreuzungen von *M. × veitchii* mit *M. × soulangiana* und *M. liliiflora* erzielte (siehe auch unter »Gresham-Hybriden« im speziellen Teil).

**Hall, Dr. George:** Amerikanischer Gärtner, der 1861 *M. kobus* und *M. stellata* aus Japan nach Rhode Island brachte und sie dort kultivierte. Daher auch der alte Name *M. halliana* für *M. stellata*.

**Heinze, W. und Schreiber, D.:** Deutsche Botaniker, die 1984 die Arbeit »Eine neue Kartierung der Winterhärtezonen für Gehölze in Europa« veröffentlichten. Damit wurde erstmalig eine für Europa gültige Winterhärtezonenkarte analog jener für Nordamerika und Kanada (Rehder 1940) erstellt.

**Henry, Dr. Augustine:** Englische Botanikerin, entdeckte 1885 *M. officinalis* in Ostsechuan, China.

**Hernandez, Franzisco:** Physiker am Hofe Philipp II. von Spanien, der 1570 die erste wissenschaftliche Expedition nach Mexiko unternahm und zahlreiche Bücher über Pflanzen und Kultur der Azteken verfaßte.

**Hillier, Sir Harold und Söhne:** Ehemals führender Baumschulbetrieb und Arboretum in Ampfield bei Winchester, England, der sich sehr um die Vermehrung und Propagierung verschiedener Magnoliensorten bemühte. So kaufte er Sämlinge von Caerhays Castle in Cornwall und erzog daraus u. a. die wundervollen Sorten 'Princess Margaret' und 'Michael Rosse'. Heute wird das Arboretum vom Hampshire County Council verwaltet und die Baumschule wurde weitgehend eingeschränkt.

**Hopkins, Harold:** Amerikanischer Magnolienliebhaber aus Bethesda, Maryland. Fand die rosa blühende *M. stellata*-Sorte 'Dawn' in einem Garten und beschrieb sie im Magazin der Amerikanischen Magnolia Society 1976.

**Hooker, Sir Joseph Dalton:** 1817–1911, englischer Botaniker aus Halesworth, Suffolk, seit 1865 Direktor des Royal Botanic Garden Kew. Bereiste 1848 die östlichen Länder des Himalajas. Verfaßte eine große Anzahl botanischer Schriften. Entdeckte 1848 u. a. *M. campbellii* und benannte die Art gemeinsam mit Thomas Thomson zu Ehren von A. Campbell *M. campbellii*.

**Johnstone, George H.:** Gärtner und Botaniker in Cornwall. Schrieb 1955 das Werk »Asiatic Magnolias in Cultivation«, das Jahrzehnte hindurch richtungsweisend in der Kultur der Magnolien war.

**Jury, Felix:** Erfolgreicher Magnolienzüchter aus Waitara, North Taranaki, Neuseeland, der 1960 mit der Züchtung begann und vor allem mit *M. campbellii* arbeitete. Er brachte viele wunderschöne, großblütige Hybriden heraus (siehe unter »Jury-Hybriden«).

**Kehr, Dr. August:** Erfolgreicher Magnolienzüchter aus Hendersonville, North Carolina, der viele nahmhafte neue Sorten herausbrachte, wie z. B. 'Golden Girl' und 'Daybreak', die 1990 registriert wurden.

**Kern, Carl E.:** Baumschulgärtner der Wyoming Nurseries in Cincinnati, Ohio. Entdeckte einen Sämling von *M. stellata*, der als Hybride von *M. stellata × M. liliiflora* erkannt wurde. Er benannte die neue Sorte nach seinem Sohn 'George Henry Kern'.

**Koerting, Dr. Lola:** Magnolienzüchterin am Brooklyn Botanic Garden, New York. Arbeitete wie E. Sperber und D. Stone vor allem mit Kreuzungen von *M. acuminata*, beschrieb mehrere Neuzüchtungen.

**Kordes, Wilhelm:** Baumschuler aus Sparrieshop in Holstein, berühmter Rosenzüchter. Kaufte 1923 einige Pflanzen der *M. × loebneri* und brachte sie in den Handel.

**Kosar, Dr. William:** Magnolienzüchter am National Arboretum Washington, D. C., führte 1956 die erfolgreichen Kreuzungen von de Vos weiter, woraus weitere 4 der »8 Kleinen Mädchen« resultierten ('Betty', 'Jane', 'Pinkie' und 'Susan'). Ebenso züchtete er 1963 die wundervollen Sorten 'Galaxy' und 'Spectrum'.

**Lamarck, Jean Baptiste Pierre Antoine de Monet de:** 1744–1829, französischer Botaniker und Zoologe, verfaßte zahlreiche wissenschaftliche Schriften und Bücher. In seiner »Philosophie Zoologique« stellte er 1809 ein System der Transmutationslehre auf.

**Lenné, Peter Joseph:** Deutscher Botaniker, Direktor des Botanischen Gartens Potsdam, um 1850. Nach ihm benannte A. Topf die *M. lenneana*, die spätere *M. × soulangiana* 'Lennei'.

**Leppik, E. E.:** Englischer Botaniker, verfaßte 1975 die Abhandlung »Morphogenic Stagnation in the Evolution of Magnolia Flowers«, veröffentlicht in »Phytomorphology« 25/4.

**Leroy, N.:** Gärtnerei in Angers, Frankreich, in welcher 1873 die Sorte *M. × soulangiana* 'Verbanica' entstand.

**Linné, Carl von:** 1707–1778. Berühmter schwedischer Naturforscher, Arzt und Botaniker aus Uppsala. Begründer der binären Nomenklatur, nach der jeder Pflanzen- und Tiername aus Gattungs- und Artnamen besteht. Stellte 1735 das Linnésche Pflanzensystem auf und verfaßte zahlreiche wissenschaftliche Fachbücher.

**Löbner, Max:** Deutscher Gärtner aus Pillnitz bei Dresden, erzielte die *M. × loebneri* aus einer Kreuzung von *M. kobus × M. stellata*, die 1917 erstmalig blühte.

**Lowman, Larry:** Amerikanischer Baumschuler, selektierte die frostharten Sorten *M. virginiana* 'Ridgecrest Green' und 'Willowleaf Bay' in seiner Ridgecrest Nursery in Wynne, Arkansas, aus Sämlingen der Tom Dodd Nurseries in Mobile, Alabama.

**Lyon, John:** Schottischer Gärtner, der 1801 (so wie John Fraser) die *M. acuminata* var. *subcordata* nach England brachte.

**Magnol, Pierre:** 1638–1715, Botaniker und Direktor des Botanischen Gartens Montpellier, dessen Name ihm zu Ehren von Ch. Plumier der Gattung *Magnolia* verliehen wurde. Veröffentlichte 1686 das Werk »Botanicum Monspeliense«, auf das selbst Linné 1756 in seiner »Flora Monspeliensis« zurückgriff.

**Manetti, G.:** Gärtner in Monza, Italien, bei dem 1840 die Hybride *M. × soulangiana* 'Lennei' entstanden sein soll (siehe auch: Salvi).

**McClintock, Dr. Elizabeth:** Botanikerin an der Universität Berkeley in Kalifornien. Bewies 1986 gemeinsam mit Dr. Meyer, daß die Buc'hozschen Bezeichnungen »*Lassonia heptapeta*« und »*Lassonia quinquepeta*« falsch sind und verbesserten sie auf die heute wieder richtigen Taxa *M. denudata* und *M. liliiflora*.

**McDaniel, Dr. J. C.:** Magnolienzüchter aus Urbana, Illinois, im U.S. National Arboretum Washington, D. C. Wiederholte die Kreuzungen von Oliver Freeman und führte seine Arbeiten weiter. Unter ihm wurden die Sorten 'Freeman' und 'Maryland' registriert.

**McEacharn, Capt. Neil:** Besitzer des Parkes und der Villa Taranto am Lago Maggiore bei Pallanza. Einer seiner Sämlinge von *M. stellata* 'Rosea' wurde nach ihm benannt.

**Merrill, Dr. E. D.:** Vormaliger Direktor des Arnold Arboretums der Havard Universität, nach dem Dr. Karl Sax seine Selektion von *M. × loebneri* »Merrill« benannte.

**Meyer, Dr. Frederik G.:** Botaniker am U.S. National Arboretum in Washington, D. C., der gemeinsam mit Dr. McClintock (siehe auch dort) die Taxa *M. denudata* und *M. liliiflora* wieder herstellte.

**Michaux, André:** 1746–1803, französischer Botaniker, der Forschungsreisen nach Persien, Nordamerika, Teneriffa und Madagaskar unternahm und diverse botanische Schriften verfaßte. Entdeckte 1759 *M. macrophylla* in South Carolina und nach 1787 *M. acuminata* var. *subcordata* in Georgia und brachte sie 1803 nach England und Frankreich.

**Millais, John Guille:** 1865–1931, englischer Naturforscher aus Horsham, Sussex. Verfaßte richtungsweisende Werke über *Rhododendron* und *Magnolia*. Sein Buch »Magnolias« von 1927 war lange Zeit hindurch das einzige ausführliche Werk über diese Pflanzengattung (siehe auch »Wissenschaft und Literatur«).

**Pampanini, Renato:** 1875–1949, italienischer Botaniker, verfaßte verschiedene Schriften über chinesische Pflanzen.

**Pickard, Amos A.:** Englischer Gärtner aus Canterbury, Kent, der Samen der japanischen Sorte 'Picture' von K. Wada aussäte. Daraus selektierte er die »Pickard-Hybriden«, schöne frostharte Sorten mit großen Blüten, die 1980 registriert wurden.

**Plumier, Charles:** Französischer Botaniker, der 1703 zu Ehren von Pierre Magnol der Gattung den Namen *Magnolia* gab. Damit wurden alle früheren Taxa wie *Tulipastrum* und *Lassonia* ungültig.

**Proctor, T. R.:** Amerikanischer Gärtner in Topsfield, Massachusetts, der 1900 Sämlinge aus einer Kreuzung von *M. salicifolia* × *M. stellata* an das Arnold Arboretum sandte. Dr. Spongberg vom Arnold Arboretum nimmt an, daß diese *M. × proctoriana* keine Hybride, sondern nur eine Varietät von *M. salicifolia* ist.

**Raffill, Charles P.:** Pflanzenzüchter im Royal Botanic Garden Kew, der ab 1940 Kreuzungen von *M. campbellii* mit ihrer ssp. *mollicomata* durchführte. Der erste Sämling blühte 1959 und erhielt den Namen 'Charles Raffill'.

**Reccho, Dr. Nardo Antonio:** Physiker am Hofe Philipp II. von Spanien, der Auszüge aus dem Werk von Hernandez verfaßte.

**Rehder, Dr. Alfred:** 1863–1949, deutschnordamerikanischer Gärtner, Botaniker und Dendrologe. Von 1918–1940 Kurator des Arnold Arboretums in Jamaica Plains bei Boston, Begründer des Journal of the Arnold Arboretum. Verfaßte zahlreiche botanische Fachbücher, seine Hauptwerke sind: »Manual of cultivated trees and shrubs hardy in Nordamerika« (1927 und 1940), »Bibliographie of cultivated trees and shrubs« (1949).

**Salvi, Joseph:** Gärtner in Vicenca, Italien, bei dem um 1840 die _M._ × _soulangiana_ 'Lennei' entstanden sein soll. Er übertrug alle Rechte an dieser Sorte dem deutschen Baumschuler A. Topf (siehe auch dort sowie unter G. Manetti).

**Sargent, Charles Sprague:** 1841–1927, nordamerikanischer Botaniker, Dendrologe und Professor aus Boston. Gründer und erster Direktor des Arnold Arboretums. Verfaßte zahlreiche Schriften über nordamerikanische und japanische Gehölze. Nach ihm wurde die von E. Wilson entdeckte _M. sargentiana_ (nach 1909) benannt.

**Savage, Philip J.:** Amerikanischer Botaniker, der 1960 in Bloomfield Hills, Michigan, mit der Magnolienzüchtung begann. Er verfolgte vor allem das Ziel später Blüte und Frosthärte. Er brachte viele neue Sorten heraus. Sein größer Erfolg gelang ihm wohl mit der Sorte 'Butterflies', die derzeit beste der rein gelb blühenden Magnolien und absolut winterhart.

**Sax, Dr. Karl:** Pflanzenzüchter im Arnold Arboretum bei Boston, der 1939 die Sorte _M._ × _loebneri_ 'Merrill' erzog und sie 1952 registrierte.

**Silvestri, P. C.:** Italienischer Missionar und Botaniker, entdeckte 1906 _M. biondii_ in Hupeh, China.

**Sloane, Sir Hans:** Begründer des British Museum in London. Übernahm nach dem Tod von Marc Catesby die von diesem gesammelten Pflanzen und Abbildungen.

**Smithers, Sir Peter:** Englischer Diplomat im Ruhestand. Besitzt eine umfangreiche und sehenswerte Magnolien- und Kameliensammlung in Vico Morcote am Luganer See im Tessin, Schweiz.

**Soulange-Bodin, Etienne:** Französischer Magnolienzüchter und Gründer des botanischen Gartens in Fromont bei Paris 1815. Begann 1820 mit der Züchtung der bekannten _M._-Soulangiana-Hybriden. Lebte von 1774–1846 (siehe auch: »Züchtung der Magnolien«).

**Sperber, Evamaria:** Botanikerin, die 1954 am Brooklyn Botanic Garden, New York, mit der Züchtung von Magnolien begann. Sie erzielte z. B. die Sorte 'Elizabeth' aus der Kreuzung von _M. acuminata_ × _M. denudata_ und war die Begründerin der _M._ × _brooklynensis_-Hybriden aus _M. acuminata_ × _M. liliiflora_.

**Spongberg, Dr. Stephen A.:** Zeitgenössischer, nordamerikanischer Botaniker und Dendrologe am Arnold Arboretum. Seine wichtigste Arbeit war: »Magnoliaceae, hardy in temperate North America«, veröffentlicht im Journal of the Arnold Arboretum.

**Sprenger, Carl Ludwig:** 1846–1917, deutscher Gärtner, der ab 1877 in Neapel lebte. Nach ihm benannte R. Pampanini die _M. sprengeri_ nach Herbarmaterial, das P. C. Silvestri 1912 in Nordhupeh, China, sammelte.

**Spring, Otto:** Baumschulgärtner und Pflanzenzüchter in Okmulgee, Oklahoma, züchtete einige Hybriden von _M. liliiflora_ 'Nigra' × _M._ × _soulangiana_ 'Rustica Rubra'. Es entstanden 1966 die Sorten 'Dark Splendor' und 'Orchid Beauty', 1968 'Red Beauty'.

**Stapf, Otto:** Englischer Botaniker aus Kew, beschrieb 1927 _M. sprengeri_ 'Diva' in Curtis' Botanical Magazine.

**Stone, Doris:** Magnolienzüchterin am Brooklyn Botanic Garden, New York, brachte 1967 die wundervolle gelbe Sorte 'Yellow Bird' heraus.

**Thompson, Archibald:** Baumschuler in Mile End, London, der aus amerikanischem Saatgut 1808 den Zufallssämling *M. × thompsoniana* selektierte, eine Hybride von *M. virginiana* × *M. tripetala*.

**Topf, Alfred:** Deutscher Gärtner um 1850. Brachte *M. × soulangiana* 'Lennei' aus Vicenca, Italien, nach Deutschland und benannte sie nach Peter Joseph Lenné, dem damaligen Direktor des Botanischen Gartens Potsdam, *M. lenneana*, wie sie auch lange Zeit hieß.

**Tradescant, John:** Englischer Gärtner im 17. Jh., nach dem die Gattung *Tradescantia* benannt wurde. Führte um die Mitte des 17. Jh. *Liriodendron tulipifera* nach England ein.

**Tregunna, Philip:** Obergärtner in Cearhay's Castle in Cornwall, züchtete 1959 die Sorte 'Caerhay's Surprise'.

**Treseder, Neil G.:** Baumschulgärtner in Truro, Cornwall. Befaßte sich sein Leben lang mit der Kultur von Magnolien. 1978 erschien sein Hauptwerk »Magnolias«.

**Van Houtte, Louis:** 1810–1876, belgischer Gärtner, Gelehrter und Künstler aus Gent. Bereiste 4 Jahre lang Brasilien und Westafrika als Pflanzensammler. Gründete eine Großgärtnerei und 1849 eine Gartenbauschule. Brachte 1867 die Sorte *M. × soulangiana* 'Alba Superba' in den Handel.

**Van Veen, Dr. Piet:** Holländischer Zahnarzt im Ruhestand. Besitzt eine umfangreiche und sehenswerte Magnoliensammlung in Vira, Tessin, Schweiz.

**Veitch, James Herbert:** 1868–1907, Nachfolger von John Gould Veitch in Exeter, England. Machte eine Weltreise und sandte Pflanzensammler in ferne Länder.

**Veitch, John Gould:** 1839–1870, Englischer Gärtner und Baumschulbesitzer in Exeter. Bereiste Ostasien und Australien und führte viele neue Pflanzen ein, die er in seiner Coombe Wood Nursery kultivierte und vermehrte.

**Veitch, Peter C. M.:** Baumschulbesitzer in Exeter, Nachfolger von J. H. Veitch, kreuzte

1907 als erster Magnolienzüchter *M. campbellii* mit *M. denudata* und erzielte so die später *M. × veitchii* genannten Hybriden 'Peter Veitch' und 'Isca'.

**Vermeulen, John:** Baumschulgärtner aus Long Island bei New York, selektierte 1947 *M. stellata* 'Royal Star' aus Sämlingen von 'Waterlily'. Diese Sorte soll bis −37 °C aushalten.

**Wada, Koichiro:** Besitzer der Hakoneya-Nurseries in Yokohama, Japan, der u. a. die Sorte 'Picture' herausbrachte (siehe dort) und aus dessen Saatgut im Arboretum der Universität Washington in Seattle die Sorte 'Wada's Memory' selektiert wurde.

**Wallich, Dr. Nathaniel:** 1786–1854, dänisch-englischer Arzt, Botaniker und Pflanzensammler, der von 1815–1846 Direktor des Botanischen Gartens in Kalkutta war. Schrieb mehrere wissenschaftliche Bücher über ostasiatische Pflanzen.

**Williams, J. C.:** Gärtner in Caerhay's Castle in Cornwall, erzog zahlreiche Magnoliensämlinge seines Gartens, die er an verschiedene Baumschulen weitergab, z. B. *M. × highdownensis*.

**Wilson, Ernest Henry:** 1876–1930, englischer Gärtner in Kew, später als Botaniker im Arnold Arboretum in Jamaica Plains bei Boston. Bereiste mehrmals Ostasien und führte viele wertvolle Pflanzen ein. Er entdeckte *M. dawsoniana*, *M. sprengeri* und *M. wilsonii* und fand auch die schon vor ihm entdeckten Arten *M. denudata*, *M. liliiflora*, *M. officinalis*, *M. sargentiana* var. *robusta* und *M. sieboldii* wieder.

# Liste der in Mitteleuropa ausreichend winterharten Magnolien

Alle nachstehend angeführten Arten und Sorten halten normalerweise Wintertemperaturen von −20 °C ohne Schäden aus, vorausgesetzt, ihr Holz konnte gut ausreifen und die Pflanzen leiden nicht unter Chlorose – beides würde die Winterhärte beeinträchtigen. Soweit Angaben zur Verfügung standen, sind auch die tiefsten, bisher schadlos überstandenen Wintertemperaturen angegeben. Bei diesen Angaben handelt es sich allerdings oftmals nur um einmalige Beobachtungen aus den USA. Ebenso stammen die Angaben über die Winterhärtezonen aus den USA – man kann diese Zonen mit den Zonen nach Heinze und Schreiber gleichsetzen. Den Angaben über die Blühtermine liegen auch vielfach amerikanische Beobachtungen zugrunde, sofern die Sorten bei uns noch nicht beobachtet werden konnten – es können sich daher hier Verschiebungen ergeben.

| Sorte | Kälteverträglichkeit (Winterhärtezone) | Blütezeit |
|---|---|---|
| *M. acuminata* | 4, bis −35 °C | Juni |
| – – var. *aurea* | | Juni |
| – – 'Butterflies' | 5, bis −29 °C | Mai, vor Blattaustrieb |
| – – 'Elizabeth' | 5, bis −29 °C | Mai, vor und mit Austrieb |
| – – 'Goldfinch' | | Mai, vor Austrieb |
| – – 'Sundance' | | Mai, vor und mit Austrieb |
| – – 'Yellow Fever' | | Mai, vor und mit Austrieb |
| – – 'Yellow Lantern' | | Mai, vor und mit Austrieb |
| *M.* × *brooklynensis* | | |
| – – 'Evamaria' | | Mitte Mai, mit Austrieb |
| – – 'Daybreak' | 6, bis −23 °C | Mitte Mai, mit Austrieb |
| – – 'Flamingo' | 4, bis −35 °C | Mai, vor Austrieb |
| – – 'Gold Crown' | 5, bis −29 °C | Juni |
| – – 'Golden Girl' | 6, bis −23 °C | Juni |
| – – 'Hattie Carthan' | 5, bis −29 °C | Mai–Juni, mit Austrieb |
| – – 'Woodsman' | | Mai, mit Austrieb |
| – – 'Yellow Bird' | 5, bis −29 °C | Mai mit Austrieb |
| *M. biondii* | bis −25 °C | März–April, vor Austrieb |
| *M. cylindrica* | 4, bis −30 °C | April, vor Austrieb |
| – – 'Albatross' | | April, vor Austrieb |
| – – 'Fireglow' | | April, vor Austrieb |
| *M. denudata* | 5, bis −29 °C | März–April, vor Austrieb |
| – – 'Purple Eye' | | April, vor Austrieb |
| – – 'Forrest Pink' | | April, vor Austrieb |
| – – 'Pristine' | bis −26 °C | April, vor Austrieb |
| *M. fraseri* | 5, bis −29 °C | Mai–Juni, nach Austrieb |
| *M. grandiflora* | 7, bis −18 °C | Juli–August |
| – – '24 Below' | bis −31 °C | Juli–August |

| Sorte | Kälteverträglichkeit (Winterhärtezone) | Blütezeit |
|---|---|---|
| – – 'Edith Bogue' | –27 bis –30 °C | Juli–August |
| – – 'Harold Poole' | | Juli–August |
| – – 'Samuel Sommer' | bis –24 °C | Juli–August |
| – – 'Spring Grove' | –27 bis –30 °C | Juli–August |
| Gresham-Hybriden | 6, bis –23 °C | April–Mai, vor Austrieb |
| – – 'Royal Crown' | bis –24 °C | April–Mai, vor Austrieb |
| *M. hypoleuca* | 5, bis –29 °C | Juni–Juli |
| – – 'Pink Nighty' | 4, bis –34 °C | Juni–Juli |
| – – 'Nimbus' | bis –23 °C | Juni–Juli |
| *M. kobus* | 4, bis –34 °C | März–April, vor Austrieb |
| – – 'Wada's Memory' | 4, bis –34 °C | März–April, vor Austrieb |
| *M. liliiflora* | 7 (bis –18 °C) bis Zone 6 | Mai–Juni, nach Austrieb |
| 'Nigra' | 6 (bis –23,3 °C) bis Zone 5 | Mai–Juni, nach Austrieb |
| – – Hybriden | 6 (bis –23,3 °C bis Zone 5 | |
| – – 'Anne' | | Mitte April, vor und mit Austrieb |
| – – 'Betty' | | Mitte bis Ende April, mit Austrieb |
| – – 'Jane' | | Anfang–Mitte April |
| – – 'Judy' | | Ende April, mit Austrieb |
| – – 'George Henry Kern' | 5, bis –29 °C | Mai–Juli, mit und nach Austrieb |
| – – 'Marillyn' | 4, bis –34 °C | April–Mai, vor bis nach Austrieb |
| – – 'Pinkie' | | Mitte Mai, mit und nach Austrieb |
| – – 'Randy' | | Ende April, mit Austrieb |
| – – 'Ricky' | | Ende April, mit Austrieb |
| – – 'Susan' | 5, bis –29 °C | Ende April–Mai |
| *M. × loebneri* | 5, bis –29 °C | April, vor Austrieb |
| – – 'Ballerina' | | April, vor Austrieb |
| – – 'Encore' | 4, bis –34 °C | April, vor Austrieb |
| – – 'Leonard Messel' | | April, vor Austrieb |
| – – 'Merrill' | | April, vor Austrieb |
| – – 'Neil McEacharn' | | April, vor Austrieb |
| – – 'Powder Puff' | | April, vor Austrieb |
| – – 'Snowdrift' | | April–Mai, vor und mit Austrieb |
| – – 'Spring Snow' | | April–Mai, vor und mit Austrieb |
| *M. macrophylla* | 6, bis –23 °C | Juni–Juli |
| – – 'Karl Flinck' | 6, bis –23 °C | Juni–Juli |
| *M. officinalis* var. *biloba* | 5, bis –29 °C | April–Mai, mit dem Austrieb |
| Pickard-Hybriden | 6 (bis –24 °C) bis Zone 5 | April–Mai, vor und mit Austrieb |
| *M.* 'Picture' | | April–Mai, vor und mit Austrieb |
| 'Big Dude' | bis –34 °C | April–Mai, vor und mit Austrieb |
| *M. × proctoriana* | 5, bis –29 °C | Mitte bis Ende April, vor Austrieb |
| *M. salicifolia* | 5, bis –29 °C | Anfang April, vor Austrieb |
| *M. sargentiana* var. *robusta* | 7, bis –18 °C | April, vor Austrieb |
| – – 'Marjorie Gossler' | 5, bis –31 °C | April, vor Austrieb |

| Sorte | Kälteverträglichkeit (Winterhärtezone) | Blütezeit |
|---|---|---|
| *M. sieboldii* | 5 bis 4, bis −31 °C | Juni–Juli |
| – – 'Genesis' | | Juni–Juli |
| – – 'Kwanso' | | Juni–Juli |
| – – 'Semi Plena' | | Juni–Juli |
| *M. sinensis* | 6, bis −23 °C | Ende Mai–Juni |
| *M. × soulangiana* | 6 bis 5 | April–Mai, vor Austrieb |
| – – 'Alba Superba' | | April–Mai, vor Austrieb |
| – – 'Alexandrina' | | April–Mai, vor Austrieb |
| – – 'Amabilis' | | April–Mai, vor Austrieb |
| – – 'Brozzonii' | | Mai, mit Austrieb |
| – – 'Burgundy' | | April–Mai, vor Austrieb |
| – – 'Dark Splendor' | | April–Mai, vor Austrieb |
| – – 'Just Jean' | | April–Mai, vor Austrieb |
| – – 'Lennei' | | Mitte Mai, mit Austrieb |
| – – 'Lennei Alba' | | Mitte Mai, mit Austrieb |
| – – 'Norbertii' | | April–Mai, vor Austrieb |
| – – 'Rustica Rubra' | | April–Mai, vor Austrieb |
| – – 'San José' | | April–Mai, vor Austrieb |
| – – 'Speciosa' | | April–Mai, vor Austrieb |
| – – 'Verbanica' | | Mitte bis Ende Mai, mit Austrieb |
| *M. sprengeri* 'Diva' | 5, bis −28 °C | April, vor Austrieb |
| – – 'Caerhay's Belle' | 6, bis −23 °C | April, vor Austrieb |
| – – 'Galaxy' | 5, bis −28 °C | April–Mai, vor und mit Austrieb |
| – – 'Legacy' | 5, bis −31 °C | Mitte bis Ende April, vor Austrieb |
| – – 'Paul Cook' | | Anfang Mai, mit Austrieb |
| – – 'Spectrum' | 6, bis −23 °C | April–Mai, vor und mit Austrieb |
| *M. stellata* | 5, bis −30 °C | März–Mai, vor dem Austrieb |
| – – 'Centennial' | | April, vor dem Austrieb |
| – – 'Chrysanthemumiflora' | | April, vor dem Austrieb |
| – – 'Dawn' | | April, vor dem Austrieb |
| – – 'Norman Gould' | | April, vor dem Austrieb |
| – – 'Rosea' | | April, vor dem Austrieb |
| – – 'Royal Star' | 4, bis −37 °C | April, vor dem Austrieb |
| – – 'Rubra' | | April, vor dem Austrieb |
| – – 'Scented Silver' | | April, vor dem Austrieb |
| – – 'Waterlily' | | Mitte bis Ende April, vor Austrieb |
| *M. × thompsoniana* | 5, bis −31 °C | Mai, mit und nach Austrieb |
| – – 'Urbana' | 5, bis −26 °C | Mai, mit und nach Austrieb |
| *M. tripetala* | 4, bis −34 °C | Ende Mai–Juni, nach Austrieb |
| – – 'Bloomfield' | | Ende Mai–Juni, nach Austrieb |
| – – 'Charles Coates' | 6, bis −23 °C | Ende Mai–Juni, nach Austrieb |
| – – 'Silver Parasol' | | Ende Mai–Juni, nach Austrieb |
| – – 'Woodlawn' | | Ende Mai–Juni, nach Austrieb |

| Sorte | Kälteverträglichkeit (Winterhärtezone) | Blütezeit |
|---|---|---|
| *M. virginiana* var. *virginiana* | 5, bis −29 °C | Ende Juni–Juli |
| – – 'Henry Hicks' | 5, bis −27 °C | Ende Juni–Juli |
| – – 'Ridgecrest Green' | 5, bis −24 °C | Ende Juni–Juli |
| – – 'Satellite' | | Ende Juni–Juli |
| – – 'Willowleaf Bay' | 5, bis −24 °C | Ende Juni–Juli |
| *M.* × *wieseneri* | 5, bis −29 °C | Anfang Juni–Juli |
| *M. wilsonii* | 6, bis −23 °C | Mai–Juni, nach Austrieb |

## Bildquellen

Die Zeichnungen fertigte Kerstin Heß, Stuttgart, nach Vorlagen des Verfassers. Die Verbreitungskarte auf Seite 16 fertigte Artur Piestricow, Stuttgart. Die Zeichnungen auf Seite 12 und 13 wurden übernommen aus Strasburger, E.: Lehrbuch der Botanik für Hochschulen. Gustav Fischer Verlag, Stuttgart, New York 1983. Die Karten der Winterhärtezonen wurden entnommen aus Heinze, W. und Schreiber, D.: Eine neue Kartierung der Winterhärtezonen für Gehölze in Europa. Mitteilungen der Deutschen Dendrologischen Gesellschaft Nr. 75. Verlag Eugen Ulmer, Stuttgart 1984.

## Fotos

Bärtels, A., Waake: Titelbild, Seite 21 unten, 34, 35 oben, 46, 63, 70, 87, 94.

Morell, E., Dreieich: Seite 2, 32, 42 unten, 51 (2), 58 oben, 79 unten, 90, Umschlagrückseite.

Pardatscher, G., St. Andrä: Seite 10, 14, 20, 28, 29 (2), 35 unten, 38, 39, 42 oben links und rechts, 43 (3), 47, 50 (2), 54, 55 (2), 58 unten, 62 oben, 66 (4), 67 (4), 71, 74 (2), 75 (3), 79 oben und Mitte, 82, 83 oben, 91, 111.

Pirc, H., Wien: Seite 6, 21 oben, 59, 62 unten, 83 unten.

# Pflanzenregister